Alexandra Meier

Erdheilung und die Lehren des Pan

Smaragd Verlag

Bitte fordern Sie unser kostenloses Verlagsverzeichnis an:

Smaragd Verlag e.K.
Brückenstraße 25
D-56269 Dierdorf
Tel.: 02689-92259-10
Fax: 02689-92259-20
E-Mail: info@smaragd-verlag.de
www.smaragd-verlag.de

Oder besuchen Sie uns im Internet unter der obigen Adresse und melden Sie sich für unseren Newsletter an.

© Smaragd Verlag, 56269 Dierdorf
Erste Auflage: Januar 2019
© Cover: jozsitoeroe - Fotolia
Umschlaggestaltung: preData
Satz: preData
Printed in Czech Republic
ISBN 978-3-95531-177-3

Inhalt

Vorwort

Ich bin ein Mensch, der sich schon immer gerne in der Natur aufgehalten hat. In der Natur fühle ich mich oft mehr zu Hause als an jedem anderen Ort. Sich mit der Natur zu verbinden und somit auch mit der Geistigen Welt, um in dieser wohltuenden Stille Antworten auf alle Fragen des Lebens zu bekommen, war für mich schon immer etwas Natürliches. Erst mit den Jahren fiel mir auf, dass diese Fähigkeit, sich mit allem, was lebt, verbinden zu können, bei vielen Menschen vergessen zu sein scheint, oder es ist irgendwo tief in ihrer Seele gespeichert, und sie finden den Zugang dazu nicht mehr beziehungsweise wissen nicht mehr, wie.

Es ist jetzt die Zeit gekommen, in der wir Menschen wiedererkennen, dass wir Verantwortung tragen. Einerseits Verantwortung gegenüber uns selbst und unserem Leben, andererseits auch gegenüber unserer Erde, Mutter Natur. Wenn wir verantwortungsvoll mit uns selbst umgehen, tun wir das automatisch mit unserer Umwelt.

Mutter Natur ist das Wesen, auf dem wir leben, sie ist unsere Große Mutter. Aber wir haben die Verbindung zu ihr verloren. Wir haben verloren, sie als einen Teil von uns anzusehen. Es kann uns auf Dauer nicht gut gehen, wenn es Mutter Natur nicht gut geht. Wir Menschen haben leider zu sehr in das Leben der

Natur eingegriffen und dabei vieles, oft unbewusst, aus dem Gleichgewicht gebracht. Jetzt ist es an der Zeit, dass die Erde wieder in ihre natürliche Balance zurückfindet. Mutter Erde braucht unsere liebevolle Unterstützung. Dabei können wir sie mit Hilfe von Pan und der Erdheilung wunderbar unterstützen. Es liegt an jedem Einzelnen von uns, unsere Aufgabe zu erkennen und wahrzunehmen. Jeder, der sich angesprochen und verpflichtet fühlt, kann diesen wunderbaren Dienst tun.

Lasst uns alle gemeinsam die Natur darin unterstützen, dass sie wieder in ihr natürliches Gleichgewicht kommt. Wir können zusammen viel mehr erreichen als allein. Also beginne noch heute damit, dich wieder mit der Natur zu verbinden, damit du erkennst, wo und wie sie deine Hilfe gebrauchen kann. Ich hoffe sehr, dass dir mit diesem Buch das Wissen vermittelt wird, um dieses zu tun. Vertraue aber auch darauf, dass eine göttliche Intelligenz in dir bereits weiß, was zu tun ist. Ich möchte dir helfen, diese wieder in dein Bewusstsein zu rufen.

Wenn sich für dich beim Lesen eines einzelnen Themas oder beim Umsetzen in der Natur etwas nicht stimmig anfühlt oder du einen anderen Impuls verspürst, dann folge dem, denn es braucht deine ganz persönliche Hilfe und Unterstützung, damit die Natur wieder in ihre vollständige Harmonie kommen kann. Vertraue darauf, dass du dabei auch immer mehr in

Harmonie und wieder ins Gleichgewicht kommen wirst, da Mutter Erde einen direkten Einfluss auf uns hat und wir immer mit ihr verbunden sind.

Ich danke dir von Herzen für deine Zeit und deine wertvolle Arbeit, die du Mutter Natur und damit auch dir selbst schenkst.

Alexandra

Wer ist Pan?

Pan ist der Gott des Waldes und der Natur, aber auch der Gott des Frohsinns, der Musik und der Fruchtbarkeit. Die Arme und der Kopf sehen aus wie bei einem Menschen, Unterkörper, Ohren und Hörner wie bei einer Ziege oder einem Widder. In den Händen trägt er einen Hirtenstab oder eine Panflöte.

In der griechischen Mythologie ist er ein Hirtengott. Die Hirten verehrten ihn, baten ihn um Schutz für ihre Herde und brachten ihm dafür Opfer. Sie fürchteten sich aber ebenso vor seinem Anblick und suchten das Weite, wenn sie ihn sahen. Pan war für die Menschen immer schon halb wohltätig und halb furchterregend. Er hat große Freude an Tanz, Musik und Fröhlichkeit. Die Mittagszeit ist ihm heilig, und wenn er um diese Zeit gestört wird, kann er eine ganze Herde in Panik versetzen.

Er verfolgte die Nymphe Syrinx, die aber vor ihm floh. Diese Flucht endete in einem Fluss, wo sie sich in ein Schilfrohr verwandelte. Als Wind aufkam und darin blies, ertönten Klänge. Daraufhin teilte er das Schilfrohr in sieben Teile auf und band sie zusammen. So entstand die Panflöte.

Erst im christlichen Mittelalter wurden Pans typischen Merkmale – seine Kopfhörner und die Bocksfüße – von uns Menschen ins Negative umgedeutet.

Pan beschreibt sich mir so:

„Ich bin der Gott der Wiesen und Wälder. Ich verbinde euch wieder mit der Natur hier auf Erden, aber auch mit eurer höheren geistigen Natur. Meine Aufgabe ist es, in der Natur und im Wald die göttliche Ordnung wiederherzustellen, aber auch dafür zu sorgen, dass die göttliche Ordnung der geistigen Dimensionen wieder auf die Erde fließen darf, und somit auch die Ordnung von allen Dingen, die göttliche Ordnung. Weil ich das sehr strikt und ohne Kompromisse tue und dabei nicht immer nur auf sanfte Art und Weise vorgehe, haben die Menschen mit der Zeit viele negativen Dinge und ihre eigenen Schattenanteile auf mich projiziert, was dazu führte, dass sich viele Menschen vor mir fürchten. Dabei bin ich nicht böse oder furchterregend. Meine Klarheit kann die Menschen wachrütteln, und das geht nicht immer nur leise und sanft.

Wir haben keine Zeit mehr zu verlieren, um langsam voranzuschreiten. Jetzt ist der Zeitpunkt für die Menschen gekommen, aktiv zu werden. Wenn ich miterlebe, wie jemand sich selbst im Weg steht bei seiner göttlichen Aufgabe, in seinem Leben oder dem göttlichen Lebensplan, dann kann ich auch gut und gerne ein Erdbeben auslösen, um diese Person wachzurütteln. Aber das tue ich nie in böser Absicht, sondern aus reiner Liebe zu den Menschen und zu allem, was lebt.“

Wie die Beziehung zwischen mir und Pan entstanden ist

Meine erste Begegnung mit Pan war sehr plötzlich und unerwartet. Er zeigte sich mir an einem kühlen Morgen im Wald. Ich saß auf dem Waldboden abseits der Wege, an einem Ort, wo nur die Natur und die Tiere zu hören waren. Wie immer hatte ich meinen Laptop dabei, da ich im Wald schreiben wollte. Wenn ich schreibe, verbinde ich mich gerne mit den Wesen der Pflanzen, Bäume und allem, was lebt, und öffne dabei meinen Geist und lasse mich inspirieren.

An diesem Morgen kam alles anders als geplant. Ich fing an zu schreiben und bemerkte sehr bald, dass die Weisheiten mir nur so zuströmten, und ich nahm wahr, dass viele Dinge geschrieben werden wollten. Als ich genauer nachfragte, wer mir all diese Dinge zukommen ließ, kam für mich ganz klar als Antwort:

„Ich bin Pan."

Ich erschrak zutiefst, denn ich wusste nicht viel über Pan, aber das Bild von ihm, das in meinem Kopf erschien und ich irgendwo gesehen hatte, mit Hörnern auf dem Kopf und halb Tier, war alles andere als beruhigend für mich. Ich bekam einen gewaltigen Schrecken, der sich fast in Panik steigerte. Die zuvor noch empfundene große Freude war weg. Fluchtartig verließ ich den Wald, und zu Hause legte ich meinen

Laptop in eine Ecke meines Büros, wo er erst einmal liegenblieb. Pan hatte mir einen gewaltigen Schrecken eingejagt, und ich verdrängte für einige Tage dieses Erlebnis und alle Gedanken daran.

Als sich in den nächsten Tagen in meinem Leben nichts Negatives ereignete und sich meine Emotionen wieder etwas beruhigt hatten, fasste ich Mut und las den Text, den ich im Wald geschrieben hatte, nochmals in aller Ruhe durch. Sogleich war ich tief berührt von der Weisheit, die sich mir darin offenbarte.

Nun begann ich zu recherchieren und fand heraus, dass Pan erst im Laufe der Zeit durch die Menschen diese Umdeutung seiner Merkmale ins Negative bekommen hatte. Meine Neugierde besiegte meine Angst, und bei der nächsten Gelegenheit ging ich wieder in den Wald an dieselbe Stelle. Vorsichtig und etwas ängstlich, aber wieder mit meinem Computer. Meine Angst blockierte aber die ersten Schreibversuche, und es kam kein richtiger Fluss auf.

Bei den Antworten und Erklärungen, die Pan mir bei meinen nächsten Waldbesuchen gab, berührte mich wieder seine tiefe Weisheit, aber auch seine Fröhlichkeit, die für mich immer zu spüren war, sodass meine Angst immer kleiner wurde und ich mich immer mehr auf das Buch, die Erdheilung und die Weisheiten von Pan einlassen konnte.

Erste Begegnung mit Pan

„Zeigst du dich allen Menschen gleich?"

Pan:

„Ich zeige mich nur wenigen Menschen. Sie müssen einen gewissen Grünanteil in ihrer Aura haben, damit ich mit ihnen Kontakt aufnehmen kann. Diesen Grünanteil haben einige Menschen seit ihrer Geburt, andere bekommen ihn erst im Laufe ihres Lebens dadurch, dass sie viel Zeit in der Natur, im Wald oder im Garten verbringen. Häufig ist es auch der menschliche Verstand, der dieser Person weismachen will, dass ich nicht existiere oder bloß Einbildung bin."

„Woran kann ich dich erkennen?"

Pan:

„Du erkennst mich an meiner Größe und Klarheit – an mir ist alles klar und rein, und ich bin sehr mächtig. Spüre in dein Herz, wenn du dich mit mir verbindest. Was kannst du jetzt spüren?"

„Ich spüre ein blaugrünes Licht, und mein Herz geht dabei auf."

Pan:

„Lass dieses Gefühl noch weiter in dir aufsteigen und verankere es in dir, so erkennst du immer schneller, ob ich es bin oder nicht. Ich verbinde mich immer über dein Kronenchakra mit dir, das Energiezentrum, das sich am und über dem Scheitelpunkt deines Kopfes befindet, es beginnt leicht zu vibrieren, wenn du mit mir verbunden bist."

„Kannst du mir noch ausführlicher erklären, woran ich dich erkennen kann?"

Pan:

„Ja, ich bin der Schöpfer und Hüter aller Wälder und der Natur. Wenn ich bei dir bin, dann beginnt auch die Natur um dich herum zu strahlen und zu leuchten. Alles in dir und um dich herum beginnt zu vibrieren. Kannst du es sehen?"

„Ja, es sieht aus, als wenn bei großer Hitze die Luft vibriert. Ich kann es gut im Schatten des Waldes sehen und spüren."

Pan:

„Wenn du dich jetzt wieder mit deinem Herzen verbindest, kannst du mich sogar sehen."

„Wieso zeigst du dich mir als Trickfilmfigur?"

Pan:

„Ich kann alle Formen und Figuren annehmen, die ich möchte. Bei dir habe ich diese Form gewählt, da ich weiß, dass sie dir keine Angst macht. Ich weiß, dass du eine eher ängstliche Person bist. Aufgrund deiner Erfahrungen bist du leicht verängstigt, was ich gut nachvollziehen kann. Aus diesem Grund habe ich diese kindliche Form gewählt. Ich kann sie auch ändern, wenn dir das lieber ist."

„Nein, ich finde diese Figur sehr schön und beruhigend."

Pan:

„Siehst du, aus diesem Grund habe ich sie ausgewählt. Ich erscheine fast allen Menschen in einer anderen Form. Die Form, die zum Beispiel in Büchern zu finden ist, ist die Form, die mir die Menschen geben möchten. Es ist ihre Art, wie sie mich sehen. Aber das heißt nicht, dass ich diese Form bin. Ich bin Energie, die jede Form annehmen kann, aber ich bin keine Form. Ich bin die Energie des Waldes und der Natur. Ich bin der Hüter und Beschützer der Natur und der Tiere, die in der Natur leben. Alles, was reine Natur ist, unterliegt meiner göttlichen Obhut."

„Wie kann ich zum Beispiel in meiner Wohnung sicher sein, ob ich wirklich mit dir verbunden bin?"

Pan:

„Außer dem vibrierenden Kronenchakra geht es zu Hause in deinen Räumlichkeiten nur über dein Herz. Wenn du in deinem Herzen ein wohliges Gefühl spüren kannst und es angenehm vibriert und hell wird, bist du mit meiner Energie verbunden."

„Gibt es ein äußeres Zeichen?"

Pan:

„Nein, das gibt es nicht. Alles, was auf mich hinweist, liegt in deinem Inneren. Prüfe immer nach, ob es ein angenehmes Gefühl ist. Es sollte sich warm, vitalisierend und gut anfühlen."

„Warum zeigst du dich jetzt?"

Pan:

„Zuerst möchte ich sagen, dass ich mich nicht das erste Mal bei einem Menschen bemerkbar mache. Ich tue das nicht regelmäßig, aber immer wieder an verschiedenen Orten dieser Welt. Eigentlich eher dort, wo die Menschen noch mehr mit der Natur verbun-

den sind. Jetzt erscheine ich, da die Zeit gekommen ist, den Menschen zu zeigen, dass sie mehr Kraft besitzen, als sie bisher angenommen haben. Sie sind nicht so machtlos, wie sich vielleicht viele fühlen. Nein, jeder Mensch ist ein Mitschöpfer und fähig, sich selbst und die Natur zu heilen, und es ist jetzt die richtige Zeit dafür, das wiederzuerkennen und zu leben. Das bewirkt auch in den Menschen selbst sehr viel und schenkt ihnen Heilung und Ganzwerdung."

„Was ist für uns Menschen wichtig zu wissen?"

Pan:

„Es ist für die Menschen wichtig zu erkennen, dass sie sich über die Natur wieder mit dem Göttlichen verbinden können. Für die Menschen ist die Natur wie eine Tankstelle für die Seele. Je mehr sie sich mit ihr verbinden können, desto mehr kann ihr Seele auftanken, sich stärken und regenerieren.

Die Klarheit und die Reinheit des Pan möchte den Menschen helfen, klarer und reiner zu werden. Diese Klarheit und Reinheit braucht es, weil der Mensch der Neuen Zeit wieder in Einklang mit der Natur leben wird. Wenn man niedrig schwingt und innerlich nicht geklärt ist, spürt man nicht, dass die Verbindung zur Natur etwas Essentielles ist. Je klarer und reiner man wird, desto mehr spürt man dieses Bedürfnis und hält *sich automatisch regelmäßig in der freien Natur auf. Wenn ihr den Kontakt zu den Wesen der Natur oder zu mir aufbauen möchtet, dann fällt euch das am Morgen leichter, da ihr dann selbst noch reiner und klarer seid. Im Verlauf des Tages wird es für euch immer schwieriger, den Kontakt zu mir und den Wesen in der Natur aufzubauen.*

Bei euch Menschen ist es so, dass ihr jede Nacht wieder nach Hause geht, zu eurem Ursprung, zur Quelle. Ihr reist in eurem Geistkörper nach Hause, um euch wieder zu verbinden, zu regenerieren und euch mit euren geistigen Helfer auszutauschen. Vergleichbares geschieht auch mit dem Wald jede Nacht. Geistig gesehen verschmilzt der Wald jede Nacht wieder mit seinem Ursprung, mit einem Teil von mir, mit meiner Energie. Meine Energie ist das Herzstück des Waldes. Darum könnt ihr euch am Morgen am besten mit mir verbinden, da meine Energie noch überall und leicht zu spüren ist. Sie ist noch präsent. Je weiter der Tag fortgeschritten ist, umso schwieriger wird es, was aber nicht heißt, dass es nicht mehr möglich ist. Für Geübte und Menschen, die meine Energie bereits kennen, wird es immer möglich sein, sich mit mir zu verbinden, egal, zu welcher Tageszeit."

„Ich möchte noch so vieles von dir wissen…"

Pan:

„Ich zeige mich immer dann, wenn es um einen Übergang geht, einen Bewusstseinssprung, einen Wechsel in eine höhere Ebene. Dieser Wechsel verläuft in den seltensten Fällen ruhig und ohne Emotionen, denn über die Gefühle könnt ihr euch weiterentwickeln. Durch die Gefühle könnt ihr Dinge erfahren, und nur so lernt die Seele. Wenn ihr es nur lest oder es jemandem erzählt, ist es nicht dasselbe, als wenn ihr es selbst erlebt. Aus diesem Grund habt ihr euch hier auf dieser Erde inkarniert. Eure Seele möchte die verschiedenen Seins-Zustände erfahren und diese Anteile wieder in sich vervollständigen und integrieren.

Wenn ich mich zeige, können manchmal heftige Reaktionen und Gefühle ausgelöst werden. Einerseits dadurch, dass du dich mit meinem Wesen verbindet, und mein Wesen ist, wie gesagt, sehr klar und rein, und dunkle Anteile werden sofort sichtbar gemacht. Es kann dann wie ein inneres Erdbeben ausgelöst werden. Aber das ist nur zu deinem Nutzen und wird dich weiterbringen. Es bietet dir eine gewaltige Entwicklungschance, wenn du bereit dafür bist und innerlich ganz klar Ja dazu sagen kannst.

Der Pan hat die Fähigkeit, dich mit seiner Klarheit und Reinheit zu erleuchten. Durch seine Klarheit kannst du dein Leben und deinen Lebensplan klarer erkennen und ihn leben. Er bringt Licht ins Dunkle. Es kann aber gut sein, dass es nicht sanft und ruhig geschieht, sondern dich heftig rüttelt und schüttelt. Mache dir in einem solchen Fall immer wieder bewusst, dass sich dein Leben in jedem Augenblick immer in perfekter göttlicher Ordnung befindet und alles zum perfekten Zeitpunkt für dich geschieht."

„Kannst du mir die Grundlagen der Natur erklären?"

Pan:

„Die Grundlagen der Natur sind die Grundlagen des Lebens. Wenn du die Natur verstehst, verstehst du die Gesetze des Lebens. Die Grundlage ist Liebe. Reinste, bedingungslose Liebe, die nichts tun oder verändern will, sondern einfach nur ist und bedingungslos gibt und liebt. Sie ist vergleichbar mit der Mutterliebe. Diese ist eine der reinsten Formen der Liebe, die es auf Erden gibt. Sie gibt, ohne etwas dafür bekommen zu wollen. Sie gibt aus tiefstem Herzen. Alles Leben ist aus diesem reinen Gefühl der bedingungslosen Liebe entstanden – alle Universen, Planeten und unser ganzes System. Inzwischen ist dieser ursprüngliche Zustand leider nicht überall auf der Erde erhalten geblieben. In einigen Regionen ist dieses Gefühl fast vollkommen anderen, niedrig schwingenden Gefühlen und Emotionen gewichen. Es gibt nur noch sehr wenige Gebiete auf dieser Erde, die davon verschont geblieben sind, eine davon ist Hawaii. Das ist auch eine Erklärung da-

für, dass dieser Ort für viele Menschen das Paradies auf Erden darstellt. Der Ort, an dem die Grundschwingung noch reine, bedingungslose Liebe ist.

Ich, der Pan, bin auch dafür zuständig, dass die Natur und der Wald in einer gewissen Harmonie bleiben und wieder dorthin zurückfinden. Ich komme aus einer anderen Dimension, denn nur so kann ich diese Harmonie aufrechterhalten. Jetzt ist es aber an der Zeit, dass die Menschen diese Aufgabe immer mehr selbst wahrnehmen. Es ist die Zeit, in der die Menschen wieder in ihre Kraft kommen und ihre Fähigkeiten wiederentdecken. Ein wichtiger Aspekt davon ist es, seine Verantwortung gegenüber der Natur zu erkennen und diese auch wahrzunehmen. Dabei geht es auch darum anzuerkennen, dass das, was wir in der Natur sehen und wahrnehmen, nur ein kleiner Teil davon ist, was existiert. Die Wahrnehmungen sind oft noch sehr eingeschränkt, und aus diesem Grund nehmen die Menschen einen großen Teil von dem, was sich alles in der Natur befindet, noch nicht wahr. Das heißt, viele spüren mehr und wissen, was ich meine, können es aber noch nicht richtig erfassen, einordnen oder benennen, da es jenseits des gängigen Systems ist.

Ich, der Pan, möchte die Menschen wieder damit verbinden und ihnen aufzeigen und sie spüren lassen, was es im Wald und in der Natur alles gibt. Zudem möchte ich ihnen helfen, ihre eigene wahre Natur wiederzuerkennen und zum Vorschein zu bringen."

Naturwesen

„Die Naturgeister und -wesen sind weder männlich noch weiblich. Sie können ihre Gestalt und Form verändern. Hellsichtige Menschen können sie in den Farben Blau, Grün oder auch leicht Gelblich sehen. Es gibt viele verschiedene Arten, und sie haben unterschiedliche Aufgabengebiete. Die einen sind dafür zuständig, dass die Naturgesetze eingehalten werden. Andere beobachten und helfen mit, dass die Energien in der Natur im Gleichgewicht sind oder wieder ins Gleichgewicht kommen. Sie können zu einzelnen Pflanzen oder Tieren gehören und sorgen für deren Wohl im energetischen Sinne.

Sie haben kein eigenes Bewusstsein und führen den Willen Gottes aus, den göttlichen Plan hier auf Erden. Wenn Menschen sich entfernt haben von ihrem Herzen, ihrem Lebensweg, auf Abwege geraten sind und sich respektlos gegenüber der Natur verhalten, kann das auch die Naturgeister und Wesen dazu veranlassen, mit diesen niederen Schwingungen mitzuschwingen und sich gleichermaßen nicht mehr liebevoll zu verhalten. Sie können sich dann mit den niedrig schwingenden Gefühlen des Menschen verbinden (das sind meistens Emotionen wie Angst, Wut, Neid und Hass). Das tun sie aber nicht aus Bösartigkeit, sondern um aufzuzeigen, wo die Natur und der Mensch aus dem Gleichgewicht geraten sind. Es kann sich dann so äußern, dass auf diesem Stück Natur nichts mehr wächst oder sich die Menschen an diesem Ort immer wieder in Konflikte und Streit verstricken. Auch Tiere und Kinder spüren diese Disharmonien deutlich und bringen sie in ihrer eigenen Art und Weise zum Ausdruck, zum Beispiel mit Verhaltensauffälligkeiten wie schnelle Reizbarkeit, Unausgeglichenheit, Schlafprobleme oder vermehrte Müdigkeit.

Naturwesen und Naturgeister halten sich gerne dort auf, wo die Natur noch unberührt und ursprünglich ist. In einer unnatürlichen, disharmonischen Umgebung können sie über längere Zeit nicht existieren, oder wenn, dann kommen sie selbst immer mehr von ihrem göttlichen Plan weg und werden bösartig, was eigentlich keine Charaktereigenschaft von ihnen ist. Aber so, wie der Mensch von seinem Weg abkommen kann, wenn er sich von seiner natürlichen Umgebung entfernt, können auch diese Wesen sich wider dem göttlichen Plan verhalten. Sie benötigen dann viel Liebe, Licht und Gebete, um wieder zu sich und in ihre Mitte zurückzufinden. Das wiederum wäre eigentlich die Aufgabe der Menschen, denn oft haben sie dafür gesorgt, dass es überhaupt so weit kommen konnte. Meine Aufgabe, die des Pans, ist es, das den Menschen wieder ins Bewusstsein zu rufen und sie an diese Aufgabe zu erinnern.

Wie bereits erwähnt, braucht es in solchen Situationen das göttliche Licht und die göttliche Liebe, um wieder das Gleichgewicht herstellen zu können und alles in Harmonie zu bringen. Es sind alle Menschen befähigt, das zu tun, die einzige Voraussetzung dafür ist, dass sich der Mensch vorher in seine eigene Mitte gebracht hat und in Kontakt ist mit seiner Göttlichkeit, die ihren Sitz im Herzen hat.

Ein mögliches Gebet, das in solchen Situationen helfen könnte und auch für die Erdheilung verwendet wird, ist:

Lieber Vater-Mutter-Gott,

du gibst allen Lebewesen die Möglichkeit, hier auf diese Erde zu kommen, sich gemäß ihrem göttlichen Plan zu verhalten, die eigene Göttlichkeit hier zum Ausdruck zu bringen und in Liebe und Harmonie mit allem, was lebt, zu sein. Hilf allen Menschen und Wesen, die von ihrer eigenen Göttlichkeit weggekommen sind, dass sie wieder dorthin zurückzufinden. Löse alle Disharmonien mit deinem Licht und deiner bedingungslosen Liebe auf und bringe sie wieder zurück in die göttliche Ordnung. Hilf diesen Wesen, alle Emotionen, die sie von ihrem Herzen und ihrer Mitte entfernt haben, aufzulösen und loszulassen, sodass wir wieder das Paradies hier auf Erden haben, so, wie du es ursprünglich für uns gedacht hast.

So sei es. Amen."

„Kannst du mir bitte noch ausführlicher erklären, welche Aufgabe die Naturwesen haben?"

Pan:

„Naturwesen sind Wesen aus der „untersten Stufe" der Helferseelen. Sie besitzen wenig Selbstbestimmung, sind mir, dem Pan, unterstellt und sorgen dafür, dass die göttliche Natur gemäß dem göttlichen Plan umgesetzt und eingehalten wird. Dabei leben sie nur für diese Aufgabe.

Nehmen wir das Beispiel einer Fee. Die Baumfee repräsentiert einen Aspekt der göttlichen Ordnung. Sie kann zum Beispiel die Aufgabe haben, zu schauen, dass es einem bestimmten Baum gut geht. Diese Aufgabe repräsentiert aber nur einen Aspekt des Waldes und der gesamten Schöpfung, ist aber ein wichtiger und wertvoller Teil des Großen Ganzen, wofür in unserem Beispiel die Fee zuständig und verantwortlich ist.

Dann gibt es noch die Wesen, die jeder Baum, jeder Strauch, jede Pflanze besitzt. Es ist vergleichbar mit den Menschen. Ein jeder hat einen Schutzengel, der auf ihn aufpasst und ihn beschützt und begleitet, von Geburt an bis zum irdischen Tod. Genauso ist es bei den Pflanzen und Tieren. Jedem ist ein Wesen zugeordnet, das auf ihn aufpasst und energetisch eine wichtige Aufgabe hat. Jede Region, jeder Wald hat ein übergeordnetes Wesen, das das ganze System beaufsichtig. Da sind zum Beispiel die Waldwesen, die

Bergwesen, die Seewesen, die Flusswesen, und diese Wesen haben, in menschlicher Sprache gesprochen, jeweils einen Chef, der zum Beispiel für alle Seen, Wälder usw. zuständig ist. Einfach gesagt: Überall dort, wo Pflanzen sind, gibt es Wesen, die eine Aufgabe in der göttlichen Ordnung haben und mir unterstellt sind."

„Was möchten uns die Naturwesen noch wissen lassen?"

Pan:

„Sie sind die Hüter der Natur und umgeben Blumen, Pflanzen und Wiesen. Ihre Energie ist rein und kraftvoll. Sie besitzen keinen eigenen Willen, sondern ordnen sich der göttlichen Ordnung unter, und ihre Gesetze sind Liebe und Harmonie. Diese Schwingung erzeugen die Naturwesen in und um sich herum, wenn sie in Einklang mit allem, was lebt, sind. Ihre Aufgabe ist es, diese Liebe in die Welt hinauszutragen, respektive in die Natur. Diese Wesen haben eine klare und reine Energie. Sie besitzen die Fähigkeit, ihre Energie schnell fortzubewegen, man kann sie sich besser als ein Energiefeld vorstellen. Es ist etwa so, als wenn man einen langen, weiten, lichtvollen Mantel anzieht, der in alle Richtungen strahlt und leuchtet. Dabei ist ihre Energie sehr fein und zart. Aus diesem Grund können Menschen, die diese Eigenschaften besitzen und bei denen diese sehr ausgeprägt sind, solche Wesen am ehesten

wahrnehmen. Sie umgeben Bäume, Felder und Wie-
sen, und es ist so, als ob sie in einem sehr hohen Lied,
das ein wunderbares Energiefeld erzeugt, schwingen
würden. Diese Melodie enthält die Strophen der Quel-
le oder auch des Göttlichen. Sie ist rein, klar, hell, und
alles, was von diesen Wesen umhüllt wird, wird in ei-
nen hohen Schwingungszustand gebracht. Dabei kann
grundsätzlich jedes Lebewesen von dieser Schwingung
angehoben werden, wenn sie es wünscht. Die Schwie-
rigkeit oder auch die Herausforderung besteht darin,
diese Schwingung über eine längere Zeit aufrechtzu-
erhalten."

„Man sagt ja, dass Feen und Elfen uns in unserem alltäglichen Leben helfen können. Wie aber ist das möglich, wenn sie nur einen Teilaspekt der göttlichen Schöpfung symbolisieren?"

Pan:

„Zuerst muss gesagt werden, dass Feen und Elfen
in einem Ganzen, ihr Menschen würdet Ökosystem
sagen, eingebaut sind. Wenn man sie um Hilfe bittet,
dann spricht man auch immer den gesamten Wald
oder die Natur an, und erhält die Hilfe nicht nur von
den Elfen und Feen, sondern von der gesamten Natur.
Auf der anderen Seite ist der Teilaspekt von ihnen in
einer solch perfekten göttlichen Ordnung, dass, wenn
man sich mit ihnen verbindet, auch in einem selbst al-

les wieder mehr in die göttliche Ordnung kommt. Entweder bekommt man Hilfe für den Teilaspekt in seinem Leben, für den man um Hilfe gebeten hat, oder aber für ein Thema, das „reif" dafür ist. Zudem besitzt die gesamte Natur eine heilende Wirkung auf die Menschen und kann wahre Wunder vollbringen. Das geschieht auf eine Art und Weise, wie es für euch Menschen immer mehr in Vergessenheit geraten ist. Die Natur heilt mit ihrer Schwingung, ihrer Melodie. Ihr tretet in ein Schwingungsfeld ein, das auf eine perfekte und heilende Weise schwingt. Das heißt, je häufiger und regelmäßiger ihr euch in diesem Feld aufhaltet, desto mehr geschieht auch in eurem Inneren Heilung. Wenn ich „nur" regelmäßig in die Natur gehe, aber nicht zulasse, dass diese Schwingung auch außerhalb der Zeiten, in denen ich nicht in der Natur bin, etwas verändert, dann ist die Wirkung eingeschränkt. Wenn ich aber immer mehr zulassen kann, dass dieses Feld auch bis zu mir nach Hause und in meinem Alltag schwingen darf, kann Unglaubliches geschehen."

Zu diesem Thema würde ich dir, lieber Leser, liebe Leserin, gerne eine Begebenheit schildern, die sich ereignete, als ich aus meinem Herzen heraus Ja zu diesem Buch sagen konnte:

Ich hatte den ganzen Morgen im Wald an einem abgelegenen Ort verbracht, viel geschrieben, und dabei entstand die grobe Strukturierung des Buches. Als es Mittag wurde, machte ich mich langsam auf den Nachhauseweg. Ich erreichte gerade wieder einen Waldweg, als ich Töne wahrnehmen konnte. Diese Töne muss man sich eher wie eine Art Schwingung vorstellen. Jeder Baum und jedes Lebewesen „spielte" dabei in einer anderen Tonlage. Erst begannen nur einzelne Bäume zu vibrieren, mit der Zeit kamen immer mehr hinzu. Schließlich hörte es sich an wie bei einem Orchester, bei dem immer mehr Instrumente hinzukommen. Jede Pflanze vibrierte in ihrem ganz persönlichen Ton. Ein unglaublich beeindruckendes und berührendes Erlebnis für mich, das mir wieder einmal zeigte, dass alles lebt und alles Schwingung ist, wir müssen uns nur wieder dafür öffnen.

Eine schöne Meditation, um sich wieder mehr mit der Schwingung der Natur und den Naturwesen zu verbinden, ist folgende:

Suche dir für diese Meditation einen Ort in der Natur aus, wo du ungestört bist und zur Ruhe kommen kannst. Wenn du dich im Wald nicht sicher fühlst, dann wähle einen schönen Platz auf einer Wiese, an einem See oder in einem nahegelegenen Park. Entscheide dich für einen Ort, an dem du eine gute und hohe Energie vermutest oder spüren kannst. Nimm dir für diese Meditation genügend Zeit, um tief in die Ruhe eintauchen zu können. Das gelingt dir vielleicht am besten, indem du zuerst einen Spaziergang machst oder eine Weile die Natur beobachtest und die Stille auf dich wirken lässt.

Komme mit deiner Aufmerksamkeit zu deiner Atmung. Nimm einige tiefe Atemzüge und stell dir dabei vor, wie du die Energie der Natur durch deinen Atem immer mehr in dich und in deinen Körper hineinziehst. Stell dir vor, wie du beim Einatmen durch deine Nase mit dieser Energie (du kannst sie dir auch als eine grüne Farbe vorstellen) deine Lungen, deine Brust und deinen ganzen Bauch füllst. Beim Ausatmen verteilst du diese Energie in deinem ganzen Körper. Jede Zelle wird von dieser Energie erfüllt. Je ruhiger und tiefer du atmest, desto mehr werden auch alle deine inneren Organe mit dieser Energie angefüllt. Lunge, Leber, Niere, dein ganzer Bauch und Unterleib, sind nun erfüllt von dieser Energie.

Nun dürfen sich auch deine Beine, Füße, Arme und Hände dieser Energie ganz hingeben und sich davon berühren lassen. Atme dabei tief und ruhig.

Nun erlaubst du dieser Energie, auch in deinen Kopf und in deine Gedanken zu strömen. Es wird dir helfen, auch gedanklich ruhig und gelassen zu werden. Lass zu, dass nun diese Energie in deine Energiekörper strömen darf. Lass sie sich über deinen Körper hinaus ausdehnen und ausbreiten. Vielleicht bekommst du ein Gefühl der Schwerelosigkeit oder hast das Gefühl, du könntest dich ausdehnen und ausbreiten. Was auch immer geschieht, erlaube es dir und lass es geschehen.

Nun verbinde dich gedanklich mit einem Naturwesen. Du kannst innerlich ein Naturwesen zu dir bitten, oder du öffnest dich bewusst für eine Begegnung mit ihnen. Du kannst die Naturwesen aber auch einladen, zu dir zu kommen. Zum Beispiel, indem du sagst:

„Liebe Naturwesen, ich rufe euch und bitte euch, zu mir zu kommen und mit mir Kontakt aufzunehmen. Schaut in mein Herz und seht, dass meine Absichten rein und voller Liebe sind. Mein Wunsch, mit euch in Kontakt zu treten, kommt von Herzen.“

Versuche dir vorzustellen oder wahrzunehmen, dass ein Naturwesen Verbindung zu dir aufnimmt. Stell dir dieses, wie vorgängig beschrieben, als ein Energiefeld vor, das in einem hohen Ton schwingt und vibriert. Vielleicht kannst du die Schwingung und Vibration vor deinem inneren Auge sehen, oder du spürst, wie es langsam in Kontakt mit deinem Energiefeld kommt. Lass zu, dass du immer mehr mit dieser Schwingung mitschwingen darf. Erlaube dir, dass dein Körper diese hohe Schwingung aufnehmen und übernehmen darf. Vielleicht erfasst sie dich zuerst von oben, am Kopf. Lass dir Zeit, atme tief und ruhig und lass es zu.

Nach einigen Atemzügen beginnt zudem auch dein Oberkörper, immer mehr mitzuschwingen und zu vibrieren, und danach der ganze untere Bereich deines Körpers. Es kann aber auch sein, dass deine Aura von diesem wunderbaren Schwingungszustand erfasst wird und so immer mehr auf deinen Körper übergeht, am Schluss auch auf dein Herz. Es ist sehr wichtig, dass dein Herz ganz erfasst wird von dieser Schwingung, was meistens erst zum Schluss der Fall ist, wenn dein restlicher Körper bereits in Schwingung geraten ist. Es ist der wichtigste Teil dieser Übung, also lass dir genügend Zeit dafür. Nimm genau wahr, wie es sich anfühlt, wenn dein Herz mit dieser Melodie mitspielt, und genieße es.

Wenn dein Herz eine gewisse Zeit so schön im Einklang war mit der Schwingung der Natur, komme langsam wieder zurück ins Hier und Jetzt. Gib deinem Herzen die Erlaubnis, auch nach der Meditation in dieser Energie weiterzuschwingen. Werde dir wieder deiner Umgebung bewusst und komme langsam zurück ins Hier und Jetzt. Spüre wieder deine Füße und wie sie Kontakt zum Boden haben, erst am Schluss öffnest du deine Augen.

Sei nicht traurig oder enttäuscht, wenn du die ersten Male diese Energie nur wenig spüren kannst, die Wirkung dieser Übung entfaltet sich trotzdem, ob du sie nun deutlich spüren kannst oder nicht.

Mit Pan weiter in das Thema eintauchen und Pan noch besser kennenlernen

„Wie aber lasse ich diese Schwingungen in mein gesamtes Leben und auch in meinen Alltag?"

Pan:

„Indem du dich öffnest. Öffnen heißt in diesem Zusammenhang, loslassen und zulassen. Das beginnt bereits beim Atmen. Mache es dir zur Gewohnheit, immer und überall tief und ruhig zu atmen. Egal, was passiert, atme tief und ruhig in deinen Bauch ein und wieder aus. Erinnere dich selbst immer wieder daran, egal, was du gerade machst oder wo du dich gerade befindest.

Weitere wichtige Aspekte sind Ruhe und Entspannung. Wenn du zu angespannt bist, bist du und dein ganzes Wesen nicht in der Lage, mitzuschwingen. Wenn deine Muskeln oder deine Geisteshaltung angespannt sind, wird jede Schwingung bereits im Keim erstickt. In der heutigen Zeit haben die Menschen verlernt, einfach mal nichts zu tun. Sich immer wieder Zeiten der Ruhe zu gönnen, nicht bloß im Wald oder in der Natur. Wenn ihr viel im Wald seid, aber nicht zulasst, dass der Wald in euch und zu Hause nachschwingen darf, dann ist die Wirkung eingeschränkt.

Um weich und weit zu sein, braucht es viel Ruhe und Erholung. Das wäre eigentlich euer natürlicher Zustand. Das geschieht nicht als aktiver Vorgang, sondern es ist ein Geschehen-Lassen, ein Zulassen. Es ist etwas Passives und wird dem Weiblichen zugeordnet. Es heißt auch, sich fallenzulassen und das Herz weit zu öffnen. Alles, was negativen Stress verursacht, loszulassen. Denn negativer Stress veranlasst euch, dass ihr nicht mehr weit und geöffnet seid. Der menschliche Körper ist nicht dafür gemacht, ständig in Eile und Hektik zu sein. Dabei schüttet er zu viele Stresshormone, wie zum Beispiel Cortisol, aus, und das wiederum schadet dem Körper, aber auch dem Geist, und es können Löcher in der Aura entstehen."

Anmerkung der Autorin:

„Die Aura ist die Schicht, die unseren physischen Körper umgibt und umhüllt und darüber hinausreicht. Es können durch unnatürliche Lebensführung, aber auch durch Traumen und Schockzustände, Löcher in diesem energetischen Körper entstehen. Durch diese Löcher in der Aura ist unser Schutz nicht mehr ausreichend gewährleistet, und so erlauben wir unbewusst auch Wesen, die nicht aus reiner, bedingungsloser Liebe sind, Zugang zu uns. Das wiederum kann den Zugang zur Natur erschweren und in manchen Fällen sogar blockieren."

„Aus einer inneren Leer heraus haben viele Menschen das Gefühl, viele materielle Dinge besitzen zu müssen. Um sich diese leisten zu können, nehmen sie sehr viel Stress und einen streng strukturierten Zeitplan in Kauf. Dabei verkümmert aber die Seele."

„Wo sind wir stehen geblieben, es ist mir noch so vieles unklar?"

Pan:

„Bei dem Weg und dem Ziel. Ziel ist es, alle Anteile wieder integrieren zu können. Alle Aspekte des Lebens durchlebt zu haben und wieder ganz und vollständig zu werden."

„Aber müssen alle Menschen diesen Weg gehen? Gibt es nicht Menschen, die anders sind und einen anderen Weg haben? Was ist zum Beispiel mit den inkarnierten Engeln, gibt es diese?"

Pan:

„Nicht alle Menschen haben diesen Weg. Man kann die inkarnierten Seelen in zwei Gruppen einteilen (das macht ihr Menschen doch so gerne: einteilen, schubladisieren).

Die eine Gruppe von Menschen ist hier auf dieser Erde inkarniert, um auf ihrem eigenen Lebensweg voranzuschreiten. *Das Leben auf dieser Erde bietet enorme Entwicklungschancen, gerade in der jetzigen Zeit. Sie gehören zu den Seelen, die alle Aspekte wieder erfahren und in sich integrieren möchten. Dabei bieten alle Herausforderungen und Schicksalsschläge gewaltige Entwicklungschancen. Jede Person hat immer einen freien Willen und kann selbst entscheiden, ob sie diese Chance nutzen möchte oder ungenutzt verstreichen lässt.*

Meistens haben sich diese Menschen ein großes Lernthema für die jetzige Inkarnation ausgesucht, und das begleitet sie dann nahezu ein ganzes Leben oder einen großen Teil davon. Daneben gibt es noch unzählige weitere Entwicklungsmöglichkeiten, das sind dann nicht mehr Lebensthemen, sondern Themen, die noch nicht vollständig abgeschlossen sind und von dem Teilaspekte noch integriert werden möchten. Hinzu kommt, dass jetzt auf der Erde eine besondere Zeit ist. Die Seelen, die sich jetzt auf diesem Planeten inkarniert haben, erhalten die Möglichkeit, einen wahren Entwicklungssprung zu vollbringen. Entwicklungen der Seele, die früher mehrere Leben benötigt hätten, können jetzt innerhalb kürzester Zeit und in einem Leben in sich integriert und abgeschlossen werden. Es ist sehr schade, dass noch nicht mehr Menschen diese Chancen nutzen, sondern sie ungenutzt verstreichen lassen. Leider ist es aber auch so, dass viele noch zu sehr verstrickt sind in ihren Themen und ihr Herz nicht öffnen können, sodass es für sie immer schwieriger wird auf dieser Erde und sie vor gewaltigen Herausforderungen in ihrem Leben gestellt werden.

Dann gibt es noch eine weitere Gruppe von Seelen, die sich auf der Erde inkarniert haben. Ich nenne sie jetzt einfach mal Helferseelen. Das sind entweder Seelen, die auf ihrem Weg bereits sehr weit vorangeschritten sind, sich aus lauter Liebe für diese Schöpfung wieder inkarniert haben und auf dieser Erde sind, um anderen Menschen zu helfen. Und es gibt solche, die aus anderen Universen kommen, um sich hier zu inkarnieren und der Erde bei ihrem gewaltigen Aufstiegsprozess zu helfen. Nicht zu verwechseln mit den Seelen, die vor einiger Zeit aus anderen Universen hier inkarnierten, um zu helfen, sich jetzt aber selbst verstrickt haben in Karma und nun nicht mehr damit beschäftigt sind, anderen Menschen zu helfen, sondern zuerst das eigene Karma wieder auszugleichen und erst danach wieder die Möglichkeit bekommen, der Schöpfung zu dienen. Diese Helferseelen sind dann so etwas wie der verlängerte Arm Gottes, aber natürlich bereits vermenschlicht. Das heißt auch, dass sie ihre Klarheit und Reinheit bereits etwas verloren haben und so Gefahr laufen, sich selbst auf dieser Erde zu verstricken.

Um auf deine letzte Frage zu sprechen zu kommen: Ja, es gibt sie, die inkarnierten Engel, die aus bedingungsloser und entflammter Liebe zum Schöpfer hier inkarniert sind, um anderen zu helfen und ihnen den

Weg zu zeigen. Dabei erhalten auch sie die Möglich-
keit, schneller in ihrer geistigen Entwicklung voranzu-
schreiten, als es für sie in der Geistigen Welt möglich
gewesen wäre. Denn auch bei den Engeln gibt es Ent-
wicklungsmöglichkeiten. Diese sehen zwar etwas an-
ders aus, trotzdem gibt es auch für sie die Möglichkeit,
noch lichtvoller zu werden."

Hilfe von Pan für den Alltag

„Eigentlich möchten viele Menschen eine „normale Arbeit", die nicht ihren wahren Wünschen und Begabungen entspricht, nicht mehr ausüben. Sie möchten lieber ihre Potenziale ausleben und das tun, was ihrer Seele entspricht. Aber wie kommen sie zu dem Geld, das sie benötigen, um Rechnungen zu bezahlen und den eigenen Unterhalt zu finanzieren? Oder ist das eine zu menschliche Frage?"

Pan:

„Nein, ganz und gar nicht, was kann schon zu menschlich sein? Höchstens zu Angst erfüllt. Das ist bei diesem Thema der springende Punkt. Ängste blockieren den Fluss. Das können Ängste und Überzeugungen aus diesem Leben sein, aber auch aus alten, längst vergangenen. Diese Ängste sind in vielen Menschen tief verankert. Wenn man einer „normalen Arbeit" nachgeht, in einem Angestelltenverhältnis, dann gibt das den Menschen Sicherheit. Obwohl es eigentlich keine Sicherheit ist, denn wenn es nicht ihr Herzensweg ist, ist es mehr eine Beschränkung, eine Einschränkung. Aber es gibt den Menschen das Gefühl, versorgt zu sein. Daran ist eigentlich nichts auszusetzen. Nun ist es aber leider so, dass dieses Versorgt-Sein ein sehr angenehmes Gefühl ist und man es

sich damit gerne bequem macht, wodurch die eigene Entwicklung gehemmt wird. Wenn ihr im Fluss seid, ist immer für euch gesorgt, der Unterschied ist nur, dass ihr euch dabei nicht auf euren Arbeitgeber verlasst, sondern auf die Quelle in euch, die Quelle allen Seins. Das behindert eure Entwicklung nicht, sondern fördert sie enorm.

Aber jetzt höre ich dich bereits fragen: Wie aber sollen wir das jetzt in unserem Leben umsetzen?

Nun, in erster Linie geht es darum, die Ängste abzubauen. Anzuschauen, welche Ängste und Überzeugungen dich blockieren. Dabei spielt es keine Rolle, ob du alle erkennen und wahrnehmen kannst, sondern achtsam zu sein, wann du in dieser Hinsicht blockiert bist. Ich nehme einmal das Beispiel von der Rechnung, die du bezahlen möchtest (musst), obwohl du weißt, dass du dir diesen Betrag nicht leisten kannst. In diesem Fall geht es darum zu schauen, ob es etwas ist, das du möchtest. Werde innerlich ruhig und gehe mit deiner Aufmerksamkeit nach innen. Verbinde dich mit deinem Herzen. Was passiert in diesem Augenblick dort in dir? Zieht es sich zusammen, oder wird es sanft und weich? Wenn es sich zusammenzieht, zeigt es dir auf, dass es etwas gibt, was aufgelöst werden möchte.

Nun kommen wir zum nächsten Teil, darum, wie es aufgelöst werden kann:

Nehmen wir einmal an, es ist eine Stromrechnung. Was fühlst du, wenn du diese in die Hand nimmst? Spürst du einen Widerwillen, weil du dich ärgerst, dass sie so hoch ist? Oder denkst du innerlich, dass du vor kurzer Zeit bereits eine bezahlt hast? Nimm wahr, welche Gefühle, Gedanken oder Überzeugungen in dir auftauchen. Wenn es negative sind, dann ist der erste Schritt, sie zu erkennen und sie dir einzugestehen. Im nächsten Schritt geht es darum, eine positivere Sicht- weise zu bekommen. Also, wenn du dich ärgerst und findest, dass es zu viel Geld ist, was du bezahlen musst, dann mache dir bewusst, wie gut es dir geht und dass du in einem Land leben darfst, in dem jeder Zugang zu Strom hat. Oder wenn es eine Arzt- oder Therapeuten- rechnung ist, empfinde Dankbarkeit für alles, was an dir gesund und vital ist.

Es geht bei dieser Übung nicht darum, etwas schön zu reden, sondern dein Augenmerk darauf zu legen, was positiv ist, also weg vom Negativen, hin zum Po- sitiven.

Das ist jetzt ein Aspekt, wenn es darum geht, mehr Geld in deinem Leben zu kreieren, indem du deine Sichtweise veränderst. Ein weiterer Aspekt ist, dass du einmal versuchen solltest, dich völlig dem hinzugeben, was du gerne tust, deine ganze Leidenschaft da hinein- bringst. Wenn du weißt, dass zum Beispiel das Malen dein Herz höherschlagen lässt, dann versuche, mit dei- nem ganzen Herzen zu malen. Dein ganzes Herzblut dort hineinzugeben. Es geht nicht darum, möglichst gut darin zu sein, sondern möglichst viel Herzensenergie hineinzugeben. Tue das mit allem: Mach weniger, aber dafür mit ganzem Herzen."

„Aber ich bin immer noch skeptisch, ob das reicht."

Pan:

„Bete auch dafür, dass du das machen darfst, was dein Herz höherschlagen lässt. Bitte das Göttliche, dir den Weg zu zeigen, wie du dorthin gelangen kannst. Bete, dass die Quelle dir die notwendigen Schritte aufzeigt und du diese erkennen kannst. Aber wichtig ist es, Spaß und Freude in dein Leben zu bringen. Versuche dein Leben so zu gestalten, dass es dir Spaß und Freude macht, denn diese Zustände und Gefühle haben die höchste und reinste Energie. So kannst du leicht und mühelos manifestieren, was du zum Leben brauchst. Stell dir immer wieder die Frage: Wie kann ich mehr Spaß und Freude in mein Leben bringen? Lass dich nicht einschränken. Probiere etwas Neues aus. Tanze im Regen, frühstücke im Bett, und tue all die Dinge, die dein Herz höherschlagen lassen. Lebe dabei ganz bewusst im Hier und Jetzt. Frage dich: Was würde mir in diesem Moment Freude bereiten?, und dann versuche, wenigstens einen Teil davon umzusetzen. Wenn Spaß und Freude Teil deines Lebens sind, dann ist es nicht mehr weit zum Wohlstand und Überfluss.

Dann wäre da noch das wichtige Thema Vertrauen. Ohne Vertrauen in die göttliche Quelle wird es schwierig. Dabei ist Vertrauen für viele von euch ein schwieriges Thema. Fast alle Menschen haben in ihrem Leben bereits einmal oder mehrere Male einen Vertrauensmissbrauch erlebt, die einen intensiver als die anderen. Aber für fast alle Menschen ist das ein wichtiges Thema. Es ist etwas Passives, nichts, was man aktiv tun kann. Vertrauen in die Quelle und ins Leben kann man nicht erzwingen. Es muss sich entwickeln, genauso wie in einer Beziehung, es braucht Zeit. Es hat auch wieder damit zu tun, sich weit zu machen, geschehen zu lassen und zuzulassen. Es kann dir helfen, dich möglichst oft in der Natur aufzuhalten und sie zu beobachten. In der Natur gibt es überall weibliche Energien, die dir helfen möchten, diesen Aspekt in dir wieder mehr zum Vorschein zu bringen. Ein Baum zum Beispiel, eine Birke oder eine Esche anzuschauen und zu sehen, wie sie aufgerichtet und geöffnet in ihrem Blätterkleid dasteht, kann dir helfen, dich zu öffnen und zu vertrauen. Genauso kann es dir helfen, diese Bäume zu beobachten, wenn der Wind durch ihre Blätter weht. Sie bewegen sich mit dem Wind, mit jeder Windböe mit, bleiben aber immer an ihrem Platz.

Nun kommen wir zum springenden Punkt. Es geht darum, sich wieder für die Liebe zu öffnen, sich weit zu machen für dieses Gefühl, diesen Zustand. Wenn ich von Liebe spreche, meine ich die reine, bedingungslose

Liebe. Das reinste und höchste Gefühl von allem, der Urzustand, Seinszustand, und alle anderen Gefühle loszulassen, fallenzulassen oder zu transformieren. In der Natur ist diese Essenz überall vorhanden, die Essenz von reiner, bedingungsloser Liebe, in jeder Pflanze, in jedem Stein, in jedem Tier und auch in den Menschen. Im Wald und in der Natur ist sie für die Menschen leichter zu finden. Das Gefühl der reinen, bedingungslosen Liebe. Dieses Gefühl, nichts tun zu müssen, nichts verändern zu möchten, einfach nur zu sein, in diesem Zustand, in dieser reinen Essenz.

Es ist an der Zeit, dass die Menschen sich wieder an ihre Kraft in ihrem Inneren erinnern. Es ist mehr ein Sich-wieder-Erinnern als ein Lernen. Dank dieser Zeilen werden diese Fähigkeiten in den Menschen wieder geweckt, die Fähigkeit, die Natur, und damit auch sich selbst, in Balance zu bringen. Das ist sehr wichtig, denn wenn ein Mensch in einer harmonischen Umgebung lebt, entsteht auch in ihm wieder Harmonie. Das Äußere beeinflusst das Innere, immer."

Erdheilung

Wissenswertes zur Erdheilung

„Was kann man sich unter einer Erdheilung vorstellen?"

Pan:

„Ich möchte dir das auf eine Art und Weise erklären, bei der dir dein Verstand nicht in die Quere kommt.

Es gibt Dinge, die realer sind als die, mit denen du dich jeden Tag umgibst, die du siehst, hörst oder liest. Ich halte die Verbindungen zur Geistigen Welt über den Wald und die Natur offen. Nehmen wir den Wald als Beispiel. Ein perfektes Zusammenspiel von Pflanzen, Tieren und vielen weiteren Lebewesen. Dieses ganze Ökosystem wird von einer höheren Warte, einer göttlichen Intelligenz, gesteuert, und meine Aufgabe dabei ist es, das zu überprüfen und einzuschreiten, wenn das System massiv gestört, die Verbindung zur göttlichen Intelligenz blockiert oder erschwert wird. Das kannst du dir so verstellen, dass ich mich, menschlich gesprochen, wie in einer Schaltzentrale befinde und von dort aus alles lenke und kontrolliere. Dabei schreite ich nur ein, wenn es wirklich notwendig ist, da ich den Lebewesen sonst die erforderlichen Entwicklungsschritte abnehmen würde.

Wenn ein einzelnes Naturwesen verstört oder verärgert ist, sich also mit den niedrig schwingenden Emotionen eines Menschen verbunden hat, greife ich noch nicht ein. Erst wenn ich sehe, dass ein ganzes Ökosystem aus dem Gleichgewicht geraten ist und sich dadurch die Balance auf der Erde nicht wiederherstellen kann.

Dafür braucht es Menschen, die mir und der Natur helfen, ein gesundes Gleichgewicht wiederherzustellen. Die Erdheilung ist ein Weg, der Natur zu helfen, in ihr Gleichgewicht zu kommen. Durch Erdheilung kann viel Heilung auch in den Menschen geschehen. Es ist eine Wiederherstellung der göttlichen Ordnung, oder auch ein Zurückkommen in die göttliche Ordnung. Alles kommt dabei wieder an seinen ursprünglichen Platz, an seinen vorgesehenen Ort, und dadurch geschieht Heilung."

„Kannst du mir konkret erklären, wie die Menschen vorgehen sollen, die eine solche Erdheilung vornehmen und Mutter Erde dieses Geschenk machen möchten?"

Pan:

„Zunächst ist es wichtig, sich seiner eigenen Beweggründe bewusst zu werden, sich selbst zu fragen: Warum möchte ich das tun? Der Wunsch sollte aus

reinem Herzen kommen, nur dann kann der Mensch auch etwas bewirken. Den Wunsch verspüren, etwas zurückzugeben, der Natur zu helfen, Heilung zu verbreiten und zu schenken – sich selbst und der Natur –, sind gute Beweggründe. Dabei ist es wichtig, ehrlich zu sich selbst zu sein und genau hinzuspüren.

Eine Erdheilung sollte immer aus der eigenen Mitte heraus, aus dem Herzen, geschehen. Nur so sind die Menschen auch in ihrer Kraft und besitzen viel Macht. Es sollten keine Beweggründe mitspielen, bei denen es um Macht und Machtausübung geht. Dabei kann das manchmal auf eine sehr subtile Art und Weise geschehen. Sich zum Beispiel wichtiger fühlen als andere Menschen, sich damit über andere zu stellen und so Macht über Menschen zu bekommen, denen es momentan vielleicht nicht so gut geht. Auch das Spiel mit der Angst ist eine verbreitete Methode, um andere unfrei zu machen und sich selbst wichtiger zu fühlen. Die Angst im Gegenüber zu schüren, um ihn/sie von sich abhängig zu machen. Zuerst heißt es, genau hinzuschauen, warum dieser Wunsch verspürt wird."

„Lieber Pan, was ist noch wichtig, in einem solchen Moment zu tun?"

Pan:

„Am wichtigsten ist es, sich Zeit zu nehmen und sensibel für die Anliegen der Natur zu werden. Zeit, um sich auf die Bedürfnisse der Natur einzustimmen. Oft musst du gar nicht danach suchen, sondern diese Situationen werden automatisch an dich herangetragen, wenn du offen dafür bist und die Zeichen wahrnehmen kannst. Die meisten Menschen können es gut wahrnehmen, wenn die Naturgesetze an einem Ort aus dem Gleichgewicht geraten sind. Es kann auch Nachforschung betrieben werden, um herauszufinden, ob man seine Gefühle richtig deutet, man findet so vielleicht noch schneller und umfassender heraus, welche Art von Hilfe gerade benötigt wird.

Typische Zeichen, dass die Natur und ihre Wesen unsere Hilfe benötigen, sind: Karg wachsende Pflanzen, obwohl es äußerlich keinen Grund dafür gibt, Orte, an denen ein großes Ungleichgewicht herrscht, was sich häufig durch viele Streitigkeiten unter den Menschen zeigt, Kinder, die schlecht schlafen und unausgeglichen sind. Die Menschen an solchen Orten verstricken sich immer wieder in Streitigkeiten und sind in ihren negativen Emotionen wie gefangen. Die Natur kann nur schlecht wachsen, es hat den Anschein, also würde sie sich immer mehr zurückziehen. Es sind auch Orte, die man intuitiv meidet, weil man sich dort nicht wohlfühlt, obwohl es keinen offensichtlichen Grund dafür gibt. Es kann auch sein, dass sich die Naturgeister bereits stark bemerkbar machen, da auch sie massiv aus dem Gleichgewicht geraten sind. Das wiederum bekommen alle Lebewesen zu spüren. Anzeichen dafür sind: Menschen, die an diesem Ort leben, verändern sich immer mehr ins Negative und werden pessimistisch, sind schlecht gelaunt, und es entstehen Intrigen und Streit. Häufig reagieren Tiere auch sehr stark darauf, indem sie verstört, krank sind oder sich auffällig verhalten. Tiere leiden ebenso wie die Menschen sehr stark an diesem Ungleichgewicht."

„Bevor wir auf die einzelnen Heilungsmöglichkeiten eingehen, möchte ich dich fragen, ob es noch etwas Allgemeines zu beachten gibt bei der Erdheilung, wie der Zeitpunkt oder auch, ob diese, in einer Gruppe ausgeführt, eine stärkere Wirkung hat, als wenn ich als Einzelperson dieses Ritual abhalte?"

Pan:

„Natürlich ist es immer sehr wirkungsvoll, die Erdheilung in einer Gruppe zu machen, da die Kraft so noch intensiviert und verstärkt wird. Aber es ist auch möglich, es alleine zu tun, da du ganz bei dir und in deiner Kraft zentriert bleiben kannst.

Wenn es um den richtigen Zeitpunkt geht, gilt es immer zu beachten, wie dringend es ist. Es gibt Situationen, in denen der Zeitpunkt keine Rolle spielt, da es wichtig ist, sofort etwas zu tun, zum Beispiel, wenn ein starkes Unwetter aufzieht oder sich die Situation an diesem Ort so sehr zugespitzt hat, dass sofort Hei-

lung benötigt wird. Wenn es aber nicht so akut ist, ist es vor allem wichtig, es zu tun, wenn man das Gefühl hat, dass man gut in seiner eigenen Kraft ist. Mit „in seiner Kraft zu sein" meine ich nicht unbedingt, dass es einem sehr gut gehen muss, sondern eher, dass man in starker Verbindung mit seinem Herzen und, wenn möglich, mit seinem Höheren Selbst ist."

„Lieber Pan, warum stellt die Verbindung zu Mutter Erde die Grundlage für jede Erdheilung dar, und ist diese Verbindung nicht automatisch bei jedem Menschen vorhanden?"

Pan:

„Ja, diese Grundlage ist die Essenz von allem Leben und Sein auf der Erde. Es ist sinnvoll, diese Basis immer wieder zu stärken und sie auch zu pflegen. Es ist vergleichbar mit einem Muskel, den man regelmäßig trainiert. Wenn man ihn regelmäßig aktiviert, wird er immer stärker, kräftiger und stabiler. Genauso verhält es sich mit deiner Verbindung zu Mutter Erde. Je mehr du sie pflegst und ihr deine Aufmerksamkeit und Liebe schenkst, desto mehr kann sie wachsen, gedeihen und intensiver werden. Wie bei einem Muskel, der immer da ist, egal, ob du ihn bewusst kennst und einsetzt, ist auch deine Verbindung zu Mutter Erde immer da."

„Was denkst du, ist die beste Möglichkeit, diese Beziehung zum Erblühen zu bringen?"

Pan:

„Die Liebe. Dein Herz zu öffnen für Mutter Erde, für ihre Schönheit, ihr Liebe und ihre Anmut, und dich damit und mit ihrem Herzen bewusst zu verbinden.

Nachfolgend möchte ich dir gerne eine Möglichkeit aufzeigen, wie du deine Herzverbindung zu Mutter Erde noch intensivieren kannst:

Gehe mit deiner Aufmerksamkeit in deinen Körper. Nimm deinen Körper bewusst wahr. Wie fühlen sich deine Schultern an? Deine Arme, dein Kopf, dein Bauch? Werde dir auch deiner Beine und Füße bewusst. Nimm wahr, wo dein Körper den Stuhl oder, wenn du liegst, den Boden berührt. Übergib dein ganzes Gewicht der Unterlage. Lass alles los. Atme ruhig und tief in deinen Körper ein und wieder aus. Entspanne dich dabei vollkommen. Sinke immer tiefer in deine Unterlage.

Nun gehe mit deiner Aufmerksamkeit zu deinem Herzen. Spüre dein Herz. Nimm wahr, ob es geöffnet oder geschlossen ist. Wenn du das Gefühl hast, dass es geschlossen ist, dann versuche mit jedem weiteren Atemzug, dein Herz sanft ein Stück mehr zu öffnen. Wie bei einem Fenster, das sich immer weiter öffnen darf, gestatte auch deinem Herzen, sich immer mehr zu öffnen. Wenn es dir schwerfallen sollte, dieses zu tun, dann bitte die Engel, deine geistige Führung oder das Göttliche um Hilfe. Sende diese Bitte aus in der Gewissheit, dass sie dir helfen werden. Du bist ein Kind des Göttlichen und verdienst jederzeit Hilfe und Unterstützung bei allem, was du tust, du musst nur darum bitten.

Es kann gut sein, dass es etwas Zeit und Geduld braucht, bis sich dein Herz öffnen kann. Vielleicht war es bereits sehr lange verschlossen und braucht nun viel Liebe. Du kannst es vergleichen mit einem verängstigten Kind, das zuerst Vertrauen fassen muss, bis es sich öffnen kann. Gib dir und deinem Herzen diese Zeit, die es dafür benötigt.

Wenn sich dein Herz öffnen konnte, dann konzentriere dich zuerst auf die Liebe, die in deinem Herzen zu spüren ist. An diesem Ort in deinem Körper befindet sich ein unerschöpfliches Reservoir an Liebe. Erlaube dir, dich wieder mit dieser Liebe zu verbinden. Atme tief und ruhig in diese Liebe hinein. Danach schick diese Liebe direkt in das Zentrum von Mutter Erde.

Mutter Erde kannst du dir als ein lebendiges und machtvolles Wesen vorstellen, das einen mächtigen, feurigen Kern besitzt. Verbinde dich mit dem Zentrum von Mutter Erde und sende ihr deine ganze Liebe. Mit jedem tiefen Atemzug schenkst du ihr mehr von deiner Liebe. Die Erde wartet nicht lange und lässt dir sogleich auch ihre Liebe zukommen. Diese Liebe kannst du viel-

leicht als ein Gefühl der Wärme oder der Geborgenheit wahrnehmen. Es ist wie ein Fluss, der wieder ins Fließen kommen darf. Es ist wie wohlig warmes Wasser, das dich, aber vor allem dein Herz, immer mehr umhüllt und umspült. Diese Liebe ist immer für dich da und möchte dich immer erfüllen. Erlaube es ihr und lass zu, dass eure Herzen auf diese Art eng miteinander verbunden sind und es auch bleiben.

Du kannst in diesem Zustand der tiefen Verbundenheit mit Mutter Erde so lange verweilen, wie es für dich angenehm ist. Danach kehre langsam wieder zurück ins Hier und Jetzt und nimm deine Umgebung immer bewusster wahr. Schenke dir noch etwas Zeit, um diese Übung nachklingen zu lassen.

Bei einer Erdheilung unterscheidet man zwischen zwei verschiedenen Arten:

Die einfache Erdheilung

Diese Art von Erdheilung ist dann angezeigt, wenn die äußeren Möglichkeiten massiv eingeschränkt sind. Sie ist ferner eine gute Option, wenn man den Ort nicht betreten kann oder es sich um ein Privatgelände handelt, aber trotzdem etwas getan werden muss (sie kann auch gut in Kombination mit der zweiten Methode angewandt werden, da sich die Wirkung gegenseitig noch verstärkt). Für diese einfache Art der Erdheilung benötigt ihr nicht allzu viel Zeit, ihre Wirkung ist aber sehr stark.

Sie ist auch dann die richtige, wenn schnelle Hilfe benötigt wird, zum Beispiel bei Unwetter, Überschwemmungen und Naturkatastrophen aller Art.

Bei der einfachen Erdheilung ist es, wie bereits vorgängig beschrieben, wichtig, dass du gut verbunden bist mit deinem Herzen. Wenn du keine Zeit haben solltest, vorher eine Meditation zu machen, verwende folgende Affirmation:

„Ich bin ganz ruhig und zentriert in meinem Herzen. Ich bin verbunden mit meinem Höheren Selbst und in meiner Kraft. ICH BIN."

Die Affirmation „ICH BIN" verbindet dich sogleich mit deiner Göttlichkeit und deiner göttlichen Heilkraft. Wiederhole diese Affirmation dreimal.

Verbinde dich nach oben mit dem Göttlichen, der Quelle allen Seins, und nach unten über deine Füße mit Mutter Erde. Nach oben ist es wie Antennen, die die Verbindung mit dem Göttlichen herstellen. Du kannst so Impulse aus der reinen Quelle empfangen, von Gott. Nach unten sind es Lichtwurzeln, die, ausgehend von deinen Fußsohlen, bis tief in den Kern von Mutter Erde reichen. Du kannst diese Verbindung mit deinem Atem zusätzlich unterstützen, indem du dich bei jedem Einatmen mit der Quelle allen Seins verbindest und beim Ausatmen über deine Lichtwurzeln bis tief ins Herz von Mutter Erde. Tue dies eine Weile, bis du dich gut verbunden fühlst. Es ist wie ein Kanal, eine Verbindung, die dir Kraft und Macht im positiven Sinne gibt.

Als Nächstes bittest du Erzengel Michael und die Drachen um Reinigung dieses Ortes. Erzengel Michael unterstützt euch gerne dabei, euch, andere Menschen oder Plätze von negativen Energien oder Schwingungen zu reinigen. Stell dir vor, dass er einen übergroßen Staubsauger in Händen hält, mit dem er mit viel Liebe alle aus der Harmonie geratenen Energien einsaugt und für euch transformiert. Dabei können ihn die Drachen, die übergeordnete Lichtwesen sind, wunderbar unterstützen. Auch Drachen sind Spezialisten darin, den Menschen zu helfen, Dinge oder Orte zu reinigen.

Anschließend stell dir vor, dass sie mit Hilfe ihres Feuers alles, was negativ belastet ist, auf deinen Wunsch hin transformieren und reinigen. Besonders wenn diese Energien sehr hartnäckig sind oder schon länger bestehen. Sehr gerne tun sie das, solltest du es wünschen, auch bei dir.

Danach verbindest du dich mit mir, dem Pan, indem du mich dreimal um Hilfe und Unterstützung rufst:

„Lieber Pan vom höchsten und reinsten Licht, ich rufe dich!"

Stell dir nun vor, dass an diesem Ort mit meiner Hilfe alles wieder zurück in die göttliche Ordnung kommt. Stell dir vor, dass alle Disharmonien transformiert und aufgelöst werden. Vielleicht kannst und magst du dir vorstellen, dass ein mächtiges, lichtvolles Wesen kommt und alles, was nicht Licht und Liebe ist, auflöst und transformiert. Gehe dabei intuitiv vor und benutze deine Vorstellungskraft zur Unterstützung. Oder du stellst dir ein goldenes Licht vor, das alles an diesem Ort berührt und erfüllt.

Das goldene Licht umgibt diesen Ort vollständig. Es heilt ihn, erhöht die Schwingung und bringt alles in die göttliche Ordnung zurück. Dabei darf dieser Prozess leicht und mühelos geschehen. Ein Gefühl von Liebe und Leichtigkeit darf sich nun ausbreiten. Achte dabei darauf, dass du tief und ruhig atmest.

Danach sprich folgendes Gebet:

„Lieber Vater-Mutter Gott. Ich rufe dich mit all deinen Engeln und geistigen Helfer vom höchsten göttlichen Licht und bitte dich aus meinem Herzen um

Hilfe. Dieser Ort hat sich entfernt von der göttlichen Ordnung, ist aus dem natürlichen Gleichgewicht geraten. Bitte lass hier wieder die göttliche Ordnung entstehen und sich ausbreiten. Lass zu, dass alles wieder in sein natürliches Gleichgewicht kommen kann und darf. Genauso möchte ich auch für alle Naturwesen und Naturgeister bitten, die möglicherweise aus dem Gleichgewicht geraten sind. Hilf ihnen, die Emotionen und Gefühle loszulassen, die sie veranlasst haben, aus ihrer Mitte zu kommen. Lass sie wieder in die göttliche Ordnung zurückfinden. So sei es. Amen."

Bedanke dich bei allen Wesen, die dich unterstützt haben, auch bei dir selbst, Mutter Erde dieses wunderbare Geschenk zu machen.

Wenn du diese einfache Erdheilung wiederholst, wird sich die Wirkung noch verstärken. Vertraue immer auf die Weisheit in dir. Du hast den Schlüssel für alles Wissen und Heilung von allem bereits in dir. Es geht nur noch darum, den Zugang dazu wiederzufinden, um sich wieder damit verbinden zu können. Wenn du also das Bedürfnis hast, der einfachen Erdheilung etwas hinzuzufügen, dann zögere nicht, es zu tun. In diesem Fall wird es genau das sein, was dieser Ort zusätzlich benötigt.

Mache diese einfache Erdheilung so oft und so lange, wie es dir richtig erscheint. Die meisten Menschen haben ein intuitives Gespür dafür, was gerade gebraucht wird. Sei dir gewiss, dass Mutter Erde deine Unterstützung und Hilfe wahrnimmt und diese sehr wertschätzt. Vielleicht stellt sich bei dir nach dieser Übung ein Gefühl von Liebe und Frieden in deinem Herzen ein. Diese Glücksgefühle kommen einerseits von deinem Höheren Selbst, das immer in diesem Zustand ist, andererseits kann es sein, dass dir Mutter Erde so ihre Liebe und Dankbarkeit zeigt."

„Lieber Pan, braucht es bei der einfachen Erdheilung in gewissen Fällen noch Zusätzliches, wie zum Beispiel die Heilenergie?"

Pan:

„Nein, wenn du die Heilenergie anrufst, braucht es dafür ein aufwändigeres Ritual. Nicht weil es das Göttliche gerne aufwändig und kompliziert mag, sondern weil die Heilenergie eine sehr hohe Schwingung hat und viele Menschen etwas Zeit brauchen, um sich dieser Schwingung anzupassen. Bei der einfachen Erdheilung geht es mehr darum, dass der Mensch der Erde dort Heilung schenken kann, wo er sich gerade befindet. Er wird so auch erkennen, dass er immer Heilung schenken kann, zu jeder Zeit und für alle Lebewesen, auch für sich selbst. Das ist eine sehr wichtige Erfahrung und Erkenntnis."

Die umfangreiche Erdheilung

Die zweite Art von Erdheilung ist dann angezeigt, wenn du Zugang zu diesem Ort hast und einen gewissen Spielraum, um dort Heilung geschehen zu lassen. Überall dort, wo du ungestört sein und Rituale für die Heilung von Mutter Erde vollbringen kannst, ist diese ausführliche Erdheilung angezeigt. Es ist dein persönlicher Beitrag und ein großes Geschenk, das du Mutter Erde machst. Du kannst ihr damit auf eine wunderbare Art deine Liebe und Wertschätzung zeigen. Außerdem wird es dir helfen, noch mehr in deine Kraft zu kommen und noch mehr Schöpfer deines Lebens zu werden. Dabei ist der wichtigste Teil, dich noch intensiver mit deinem Höheren Selbst zu verbinden und darum zu bitten, dass diese Arbeit von deinem Höheren Selbst unterstützt wird.

Stell dir nun einmal vor, was mit dir geschieht, wenn du dich intensiv mit deinem Höheren Selbst verbindest und dir erlaubst, dass diese Energie immer mehr in dein jetziges Leben fließen darf. Du kommst so in deine ganze Kraft und kannst Dinge erreichen und erschaffen, von denen du momentan vielleicht nur zu träumen wagst.

Eine Übung, um die Verbindung mit dem eigenen höheren Selbst zu verstärken, ist folgende:

Schaffe dir einen Raum, in dem du ungestört bist und dich entspannen kannst. Atme nun einige Male tief in deinen Bauch ein und wieder aus. Entspanne dich dabei immer mehr. Lass zu, dass du dich mit jedem Atemzug immer weicher und weiter fühlen darfst und atme alle Verspannungen beim Ausatmen aus. Einatmen, sich öffnen, weit machen, durchlässig werden und beim Ausatmen alle Anspannung loslassen. Tue das so lange, bis du dich entspannt, weit und ausgeglichen fühlst.

Konzentriere dich weiterhin einige Atemzüge lang nur auf deine Atmung. Lass den Atem weich und sanft werden. Es braucht dafür keine Anstrengung, sondern ist ein natürlicher Prozess. Lass geschehen, dass durch dich geatmet wird. Du brauchst nichts zu tun. Eine göttliche Intelligenz atmet durch dich hindurch. Gib dich diesem Gefühl für eine Weile vertrauensvoll hin.

Dein Höheres Selbst ist immer bei Gott, der Quelle allen Lebens und Seins. Wenn du dich intensiv mit ihm verbindest, verbindest du dich automatisch intensiver mit deinem göttlichen Anteil.

Öffne nun dein Kronenchakra und lass zu, dass durch dieses Chakra die Energie deines Höheren Selbst in dich fließt. Stell dir vor, wie jede Zelle deines Körpers von dieser Energie erfüllt und aufgefüllt wird. Die Energie deines Höheren Selbst ist rein, licht- und äußerst kraftvoll. Es ist eine sanfte Kraft, die ihre Energie von der reinen, bedingungslosen Liebe bezieht. Lass diese Kraft der Liebe in jede Zelle deines Körpers strö-men. Die Verbindung zu deinem Ursprung, zu deiner Herkunft, darf sich so wieder ganz öffnen, und du bist intensiv mit deiner Göttlichkeit verbunden. Die Zellen und Organe deines Körpers können in dieser wunder-baren Liebe richtiggehend aufatmen und sich ent-spannen. Aber nicht nur dein physischer Körper nimmt dieses Licht leicht und mühelos auf, auch dein ganzes Energiefeld, deine ganze Aura, werden davon erhellt. Es ist wie ein Licht, das man immer mehr zum Leuchten bringt, und die Quelle dieses Lichtes ist dein Höheres Selbst, das seinen Ursprung in der Quelle allen Seins hat. Von dort aus berührt es dein ganzes Leben, auch alle Menschen in deinem Leben.

Du kannst dir vorstellen, dass sich auf deinem Haupt eine Krone befindet. Eine wunderbare, hellleuchtende Krone, die die Verbindung und die Energie deines Höhe-ren Selbst beständig zu dir zieht. Durch diese Krone auf deinem Haupt fließt die Energie beständig durch dich, und alles in deinem Leben wird davon berührt.

Versuche, dich mit jedem Atemzug noch mehr zu entspannen, denn je entspannter und gelassener du auch im geistigen Sinne bist, desto besser kann dein Höheres Selbst durch dich hindurch und in dein Leben strömen. Mit jedem Atemzug erlaubst du dir mehr, dass dein göttlicher Anteil in dich und dein jetziges Leben strömt. Lass die Energie deines Höheren Selbst wie ein Fluss durch dich strömen und dich vollkommen erfüllen. Mit jedem Atemzug wird diese Verbindung intensiviert und verstärkt. Bei jedem Einatmen lässt du diese Energie in dich strömen, und bei jedem Ausatmen verteilst du sie. Dein ganzes Leben wird von dieser kraftvollen und wunderbaren Energie berührt und durchflutet. Das kann am leichtesten geschehen, wenn du auch im Alltag eine ruhige und entspannte Haltung einnehmen und beibehalten kannst. Wenn es Dinge gibt, die dich aus deiner Mitte bringen sollten und dir Sorgen machen, dann bitte dein Höheres Selbst um Hilfe, übergib sie diesem Anteil von dir, und dann lass sie vertrauensvoll los.

Diese Energie lässt dich zudem eine aufrechte, königliche Körperhaltung einnehmen und bringt dich so in deine natürliche göttliche Position. Denn du bist göttlich und Mitschöpfer deines eigenen Lebens, du musst es nur zulassen und deinem Höheren Selbst den dafür angemessenen Platz und Raum in deinem jetzigen Leben zugestehen.

Mit diesem Gefühl für die eigene Göttlichkeit und der Gewissheit, dass du vom wahren Licht abstammst und immer damit verbunden bist, kehrst du wieder langsam ins Hier und Jetzt zurück. Du spürst immer mehr deinen Körper, deine Zehen, deine Füße und Beine. Auch deinen Oberkörper, deine Arme und deinen Kopf. Zum Schluss öffnest du langsam deine Augen und nimmst dieses Gefühl der eigenen Göttlichkeit mit in deinen Alltag."

„Ist es richtig, dass durch die Erdheilung auch viel Heilung in uns Menschen geschehen darf?"

Pan:

„Das ist richtig, dadurch, dass du so intensiv mit deinem Höheren Selbst verbunden bist, richtet sich auch in dir alles wieder aus, verbindet sich wieder mit der allumfassenden Liebe. Diese Liebe, aus der jedes Leben entstanden ist, ist die Essenz von allem, was lebt. Wenn du dich bei der Erdheilung bewusst darauf ausrichtest, kann alles, was nicht Liebe ist, wegfallen. Es fällt sozusagen von dir ab. Das geschieht meistens nicht plötzlich, denn das würde nicht dem natürlichen Fluss des Lebens entsprechen. Im natürlichen Fluss fließt alles und unterliegt einem ständigen Wandel. Aber es ist kein Sturzbach, der alles mit sich reißt, das wäre sehr unangenehm. Nein, in dir darf langsam alles wieder ins Fließen kommen. So darf auch das, was in dir Heilung benötigt, sich wandeln. Dank dem Fließen darf das Alte abfließen, und immer mehr Liebe und Licht können an diese Stelle kommen. Diese Wirkung stellt sich insbesondere dann ein, wenn du die Erdheilung immer wieder praktizierst. Du darfst wieder zu dem werden, was du in Wirklichkeit bist, und das ist reine, bedingungslose Liebe. Nichts müssen, wollen oder tun, einfach nur in dieser Liebe sein, das ist der natürliche Zustand.

Dein Höheres Selbst möchte auch in deinem All-tag einen festen Platz einnehmen. Wenn du es dir zur Gewohnheit machst, dich immer wieder mit ihm zu verbinden und aus dieser Verbindung heraus deinen Alltag meisterst, werden viele Herausforderungen, die dir dein Leben schwermachen würden, bereits im Keim erstickt. Du beginnst dich aus dem Nebel zu er-heben und vertraust dich deinem Höheren Selbst an. Das Höhere Selbst, das immer verbunden ist mit allem Wissen des Lebens und der reinen, bedingungslosen Liebe, diesem Teil von dir überlässt du so immer mehr die Führung in deinem Leben. Es ist der Teil, der sich jenseits der scheinbaren Realität befindet, der nicht in den Schleier des Vergessens gehüllt ist. Dieser Teil, der alles weiß und für alles eine Lösung hat, möchte dir helfen, dein Leben zu gestalten. Dein Leben wird dadurch liebevoller, heller, freudvoller, lichtvoller und strahlender. Durch die Erdheilung wird diese Verbin-dung wieder verstärkt und gefestigt und kann dir auch in schwierigen Zeiten eine große Hilfe sein. Mit der regelmäßig angewandten Erdheilung lässt du zu, dass dies geschehen darf.

Viele Menschen machen Erdheilung bereits auf die eine oder andere Art und Weise, nennen es aber nicht so. Es geht darum, zu heilen, einem Ort Heilenergie zukommen zu lassen, und diese Energie kann direkt von deinem Höheren Selbst kommen. Dein Höheres

Selbst, das in einem anderen Bewusstseinszustand ist, ist mit dieser Heilenergie immer verbunden. Lass diesen Anteil von dir diese Arbeit tun, denn dein Höheres Selbst kann das besser und wirkungsvoller. Das heißt aber für dich auch, anzuerkennen, dass dein Höheres Selbst viel Kraft besitzt und somit auch du, wenn du damit verbunden bist. Darum ist es wichtig, wie ich zu Beginn bereits erklärt habe, sich die eigenen Beweggründe bewusst zu machen, um diese Macht und Kraft nur zum höchsten Wohl aller zu gebrauchen und anzuwenden."

Das Ritual der Erdheilung

„Suche dir einen geeigneten Ort für dieses Ritual. Am besten ist es, wenn du es draußen in der Natur machen kannst, genau an dem Ort, der Heilung benötigt. Wenn dir das nicht möglich ist, kannst du dieses Ritual auch an jedem beliebigen anderen Ort durchführen, der dir dafür geeignet erscheint. In der Natur ist die Wirkung stärker als drinnen, weil du dich dann besser mit der Natur, mit mir, dem Pan, und allem, was lebt, verbinden kannst.

Definiere zuerst den Raum, der die Erdheilung bekommen soll. Ist es ein kleines Gebiet, oder braucht eine ganze Region Heilung? Wenn eine ganze Region Heilung benötigt, kann es notwendig sein, die Erdheilung mehrere Male zu wiederholen. Verbinde dich immer zuerst mit deinem heiligen Raum in dir, deinem Herzen. Das gelingt dir, indem du bewusst in deine Mitte, in dein Herz, atmest. Nimm dein Zentrum ganz deutlich wahr und verbinde dich damit. Mit jedem Atemzug bist du mehr damit verbunden. Es stellt das Zentrum deines Wesens dar. Atme tief und ruhig dort hinein, ein und wieder aus. Spüre auch die Kraft und die Liebe, die an diesem Ort sind.

1. Errichte dir ein Kraftzentrum, du kannst dafür Dinge aus der Natur sammeln und so ein schönes Zentrum errichten, oder du nimmst Hilfsmittel von zu Hause mit, zum Beispiel Kristalle, sonstige Kraftgegenstände oder Dinge, die du aus Wertschätzung gegenüber der Natur ihr und seinen Bewohner schenken möchtest.

Wenn es dir möglich ist, kannst du auch zu Ehren der Naturwesen vorab ein kleines Feuer entzünden. Suche dir dafür einen geeigneten Platz aus, an dem keine Gefahr für die umliegenden Bäume besteht. Bereits beim Sammeln des Holzes lass Dankbarkeit und Wertschätzung in deinem Herzen aufkommen. Erfreue dich an allem, was die Natur hervorbringt, und spüre die Dankbarkeit deutlich in deinem Herzen. Entfachte das Feuer und ehre und schätze dieses Element.

Bereits beim Aufbau dieses Zentrums bringst du dich in deine Kraft, indem du Dankbarkeit empfindest und aufkommen lässt. Dankbarkeit, dass du dies tun darfst, aber auch für all das Schöne und Gute, das du in deinem Leben bereits erfahren hast und das dich umgibt. So kannst du einfach und schnell deine Schwingung anheben. Gestalte dieses Zentrum liebevoll und aus deinem Herzen heraus

2. Bringe dich in deine Mitte durch die positive und kraftvolle Affirmation:

„Ich bin ganz ruhig und zentriert in meinem Herzen. Ich bin verbunden mit meinem Höheren Selbst und in meiner Kraft. ICH BIN!"

Wiederhole diese Affirmation dreimal.

Komme bewusst bei dir an und lass für einige Atemzüge deinen Atem fließen. Dein Atem fließt beim Einatmen sanft und leicht in deinen Körper hinein, und beim Ausatmen verlässt er deinen Körper wieder auf dieselbe sanfte Art und Weise. Atme ein und spüre, wie damit auch der Fluss des Lebens in dir vermehrt ins Fließen kommt, indem du zulässt, dass dieser Atem alles in dir berühren darf. Beim Ausatmen lässt du zu, dass sich deine Bauchdecke wieder zurücksenken darf. Das Ein- und Ausatmen geschieht automatisch, in einem natürlichen Fluss. Komme so immer mehr in deine Mitte.

3. Bringe dich in Verbindung mit Vater-Mutter-Gott, *indem du dir vorstellst, dass du über deinem Kopf mit der Quelle oder mit Gott verbunden bist. Gleichzeitig verbindest du dich mit Mutter Erde, ihrem lichtvollen Kern, und stellst dir Lichtwurzeln vor, die dich über deine Füße mit ihr verbinden. Diese Lichtwurzeln wachsen aus deinen Fußsohlen und reichen bis in das Zentrum von Mutter Erde hinein. Du kannst dich kraftvoll einwurzeln, denn so kommst du noch mehr in deine Macht und Präsenz und erstellst einen machtvollen Kanal nach oben und unten.*

4. Dehne deinen energetischen Raum noch weiter aus, *indem du dir des Raums um deinen physischen*

Körper bewusst wirst, und atme dabei ruhig und tief. Werde dir deiner Aura bewusst und versuche, dich dorthin auszuweiten. Du breitest dich über deine Aura hinaus noch mehr aus und wirst so weiter und größer. Du spürst dich, deine Energie und dein ganzes Energiefeld um dich herum nun immer deutlicher. Versuche dich mit jedem Atemzug noch weiter auszudehnen und auszubreiten. Gib dir dafür genügend Zeit.

5. Rufe mich, den Pan, *indem du dreimal laut sprichst: „Lieber Pan vom höchsten und reinsten Licht, ich rufe dich", und bitte mich um Führung, Hilfe und Unterstützung bei dieser Erdheilung.*

6. Verbinde dich mit deinen geistigen Helfern und den Engeln. *Die Engel in solchen Situationen zu rufen, ist immer wichtig und richtig. Sie können dich durch ihre Anwesenheit und Energie zusätzlich unterstützen, sowie deine ganz persönlichen geistigen Helfer. Tue dies auf deine persönliche Art, oder rufe sie aus deinem Herzen heraus. Bitte auch die Naturwesen, die sich an diesem Ort befinden, die Elfen und Feen, um zusätzliche Hilfe.*

7. Sprich das Gebet, *das bei der einfachen Erdheilung beschrieben ist. Es kann auch sein, dass du bereits jetzt den starken Wunsch verspürst, diese Region zu-*

erst zu segnen (es ist darum auch essentiell, dass du dich vorher in deine Mitte gebracht hast, denn so ist diese Segnung enorm kraft- und wirkungsvoll). Eine Region mit viel Liebe zu segnen setzt einen gewaltigen Heilungsstrom in Gang, der so viel Gutes bewirken kann. Ihr habt das bereits in früheren Leben getan, also habt keine Hemmungen, dieses kraftvolle Werkzeug erneut zu nutzen.

8. Verbinde dich zusätzlich mit deinem Höheren Selbst, wie ich es vorgängig beschrieben habe. Dem Teil von dir, der immer in der reinen, bedingungslosen Liebe ist, deine eigene Göttlichkeit. Das geschieht über dein Kronenchakra, das sich an der Oberseite deines Kopfes befindet. Mache dir bewusst, dass dein Höheres Selbst macht- und kraftvoll ist. Öffne dein Kronenchakra, du kannst dir dieses Chakra wie einen kraftvollen Energiestrudel an der Oberseite deines Kopfes vorstellen, das aber noch zugedeckt ist. Diesen Deckel entfernst du nun und stellst dir vor, dass es ganz leicht geschehen darf. So kannst du dich noch intensiver mit deinem Höheren Selbst und deiner eigenen Göttlichkeit verbinden. Atme dorthin, stell dir eine gute Verbindung zu deinem Höheren Selbst vor und spüre diese Verbindung.

9. Verbinde dich mit der Heilenergie, öffne dich ganz bewusst für die Heilenergie, die in dein Kronen-

chakra einstrahlt und durch deinen Körper fließt. Dann lass diese Heilenergie diesem Ort zukommen. Stell dir die Heilenergie wie das Sonnenlicht vor, das alles mit ihrem Licht und ihrer Wärme beleuchten darf. Fülle es auf mit dieser Energie.

Du kannst dir nun ausmalen, dass du das Bindeglied zwischen der Geistigen Welt und der irdischen Welt darstellst. So kann über dich die Heilenergie an diesen betreffenden Ort fließen. Dabei experimentiere, ob diese Energie über deine Hände in Mutter Erde fließen möchte oder über dein Herz oder über beides. Probiere aus, was sich für dich stimmig anfühlt.

10. Segne den Ort *und alle Lebewesen, die an diesem Ort leben oder sich darin aufhalten. Bedanke dich bei Pan, deinem Höheren Selbst, deinen geistigen Helfern, den Engeln, Gott und den Naturwesen für ihre Hilfe und Präsenz und verweile noch für einige Zeit in der Stille. Am Schluss ist es wichtig, dass du dich wieder aus diesem Kreis der Heilenergie herausnimmst, sonst bleibt dieser Kreis geöffnet, und du fungierst weiterhin als ein Kanal dieser göttlichen Heilenergie. Das ist eine wunderbare Sache, die dich aber auf Dauer ermüden und erschöpfen kann.*

Ich, der Pan, unterstütze euch gerne dabei. Wenn ihr mich gerufen habt, dann lasst zu, dass meine Energie euch vollständig erfüllen und umhüllen darf. Stellt euch vor, wie meine Energie nicht nur euch, sondern den ganzen Ort anfüllt. Es kann gut sein, dass euch meine Energie, wenn ihr sie spüren könnt, etwas ungewohnt ist. Sie hat ja auch die Aufgabe, wachzurütteln und die alte Starre zu lösen. Das kann manchmal mit einem abrupten Wechsel der Energie geschehen, es kann euch sogar erschrecken. Seid aber gewiss, dass ihr dann sicher sein könnt, dass es auch meine Energie ist, denn sie kann in den Menschen diese Reaktionen auslösen. Wenn etwas Altes sich lösen muss, braucht es manchmal einen heftigen Impuls, damit es so in Bewegung kommt, dass es erkannt, transformiert und dann losgelassen werden kann. Diese Eigenschaft hat meine Energie. Aber seid versichert, dass sie euch auch in eurer Entwicklung einen gewaltigen Schritt nach vorne bringen wird.

Also versucht, vertrauensvoll zu bleiben, egal, was sich in diesem Moment bei euch zeigen wird. Ich versichere euch, dass es immer nur so viel ist, wie ihr verarbeiten und verstehen könnt."

☆☆

Mache dir immer wieder bewusst, dass du bereits alles Wissen in dir trägst. Du brauchst vielleicht bloß etwas Unterstützung, um dich wieder daran zu erinnern. Aber in deinem Inneren weißt du bereits, was getan werden muss. Genauso ist es mit den geistigen Helfern, auch sie wissen, was dieser Ort braucht. Deine Aufgabe ist es, sie anzurufen und einzuladen, dir bei dieser wichtigen Arbeit zu helfen. Sie warten nur auf dein Zeichen. Auch ihnen ist es ein großes Anliegen, die Erde und die Erdenbewohner bei diesem wichtigen Prozess zu unterstützen. Wenn du mit den nachfolgenden geistigen Helfern noch nicht so vertraut bist, dann ist das eine gute Gelegenheit, sie besser kennenzulernen und dir ihre Hilfe auch in deinem übrigen Leben zunutze zu machen.

Lord Sananda inkarnierte als Jesus auf dieser Erde. Er ist ein Meisterwesen, das in den geistigen Dimensionen beheimatet ist und uns jederzeit gerne unterstützt, wenn wir ihn darum bitten. Er hat eine große Bedeutung für uns Menschen, denn er hat die reine bedingungslose Liebe und das bedingungslose Verzeihen vorgelebt. Er unterstützt uns jederzeit, speziell auch in allen Angelegenheiten, in denen wir aus reiner, bedingungsloser Liebe handeln und zum Beispiel aus reinem Herzen etwas verschenken möchten.

Die Erdheilung ist ein großer Akt der bedingungslosen Liebe und wird somit auch sehr gerne von ihm unterstützt. Du kannst ihn rufen und ihn vor deinem Ritual um zusätzliche Hilfe und Unterstützung bitten, und er wird sofort zur Stelle sein. Dabei spielt es keine Rolle, ob du ihn bewusst wahrnehmen kannst oder nicht. Vertraue darauf, dass er dir bei diesem Ritual seine Unterstützung schenken wird. Sehr gerne unterstützt er dich auch in deinem Leben, insbesondere in Situationen, in denen es um Verzeihung und die bedingungslose Liebe geht.

Mutter Maria, die Mutter aller Seelen und unsere geistige Mutter. Sie möchte wie jede Mutter, dass es uns gut geht, wir unser Leben mit Freude führen können und alles bekommen, was wir zum Leben benötigen. Dass wir uns sicher, geborgen und beschützt fühlen. Du kannst sie anrufen, wenn es dir vor der Erdheilung schwerfallen sollte, dich mit deinem Herzen zu verbinden und es für die Liebe zu öffnen. Sie kann dir auch helfen, Dinge loszulassen und zu vergeben – all das, was dein Herz noch schwermacht und verhindert, dass es sich weiter öffnen kann. Wenn du also mütterliche Liebe und Unterstützung bei der Erdheilung gebrauchen kannst oder auch in deinem Leben, dann vergiss nicht, sie um ihre Hilfe und Unterstützung zu bitten. Sie wird dir sogleich mit ihrer mütterlichen Liebe zur Seite stehen.

Meine erste Erdheilung nach Pans Lehren fand nach einem großen Unwetter statt, das einen ganzen Waldabschnitt bei uns verwüstete. Ich suchte mir dafür einen geeigneten Platz im Wald und führte das Ritual der Erdheilung aus. Es war ein kalter Wintermorgen, und als ich wieder zu Hause ankam, fühlte ich mich sehr erschöpft. Ich machte mir keine allzu großen Gedanken darüber und führte diese Erschöpfung darauf zurück, dass ich, zusätzlich zu der Erdheilung, viel im Wald geschrieben und mich das wohl sehr angestrengt hatte. Als die Erschöpfung am Nachmittag immer stärker wurde, konnte ich mir das immer weniger erklären. Am nächsten Morgen hatte ich dann das Gefühl, die ganze Nacht Erdheilung gemacht zu haben und fühlte mich nicht erholt oder ausgeruht.

Es wurde nicht besser, und zu der Erschöpfung kam ein gesteigerter Appetit hinzu. Ich aß viel mehr als sonst. Als es mir am Abend immer schlechter ging, stellte sich heraus, dass ich immer noch mit dem Heilstrom der Erdheilung verbunden war und die Erdheilung seit 36 Stunden aufrechterhalten hatte. Das ist natürlich eine wunderbare Sache für die Natur, aber es war auch der Grund für meine Erschöpfung. Darum ist es sehr wichtig, dass man sich, wenn man dies nicht möchte, am Schluss der Erdheilung wieder aus dem Heilstrom herausnimmt. Das kann man einerseits tun, indem man darum bittet, dass der Heilstrom am Schluss der Erdheilung direkt vom Höheren Selbst auf diesen Ort einwirken darf, der Heilung benötigt. Oder man bittet seinen geistigen Helfer oder Pan, diesen Strom weiterhin aufrechtzuerhalten.

Vielleicht möchtest du aber ganz bewusst diesen Strom über dich eine Weile aufrechterhalten, was natürlich dem Ort sehr viel Heilung und Segen bringt, gerade dann, wenn es viel Verwüstung in dieser Region gegeben hat. Ich rate dir jedoch, den Heilstrom nicht länger als 24 Stunden aufrechtzuerhalten. Alles andere würde deine Energiereserven zu stark erschöpfen. Also nimm dich immer wieder bewusst aus diesem Heilstrom heraus, wenn du nicht mehr Kanal sein möchtest.

Wie in meinem Beispiel ist die Erdheilung nach einem Unwetter eine wunderbare Möglichkeit, die Natur darin zu unterstützen, wieder in ihr natürliches Gleichgewicht zu kommen. Ein Sturm, speziell wenn er sehr stark ausgefallen ist, ist immer dem Prinzip von Ursache und Wirkung unterlegen. Es hat immer eine Ursache dafür gegeben. Manchmal liegen die Ursachen weiter zurück und können von uns Menschen nicht mehr in direkten Zusammenhang gebracht werden. In anderen Fällen ist die Ursache offensichtlicher.

Die Erde möchte sich reinigen. Und wie es bei einer Reinigung üblich ist, kommen dabei mit der Zeit immer tiefere Schichten an die Oberfläche. Ein solches Unwetter kann verheerende Folgen haben, und es ist für uns Menschen meistens schwierig, die reinigende Wirkung darin zu erkennen, wenn wir uns nach einem solchen Ereignis in den Wald begeben und die vielen entwurzelten Bäume und die Verwüstung sehen. Es herrscht dann wortwörtlich die Ruhe nach dem Sturm. Diese Ruhe entspricht dann nicht der üblichen Stille, die im Wald und in der Natur zu finden ist, weil sich auch die Tiere für einige Zeit von diesem Ort zurückziehen. Es braucht in solchen Fällen viel Zeit und Ruhe, bis sich die natürliche Ordnung und Harmonie wieder einstellen dürfen. Aber genau das war ja der Anlass für das Unwetter. Bei einer Reinigung möchte alles Alte und alles, was sich nicht mehr in der göttlichen Ordnung befindet, gereinigt und transformiert werden. Dabei braucht es in der Natur, genau wie bei uns Menschen, oft einen gewaltigen Sturm oder ein anderes starkes Ereignis, damit danach alles wieder zurück in die göttliche Ordnung kommen darf. Diese Naturgewalten schaffen wieder Platz für Neues. In einem solchen Moment ist die Erdheilung eine wunderbare Möglichkeit, seine eigene Liebe und Wertschätzung gegenüber der Natur auszudrücken, indem man sie liebevoll bei diesem Prozess unterstützt.

Ein persönliches Erlebnis einer Erdheilung

An dieser Stelle, liebe Leserin, lieber Leser, möchte ich dich gerne an einem persönlichen Erlebnis teilhaben lassen. Es ist ein Beispiel dafür, was geschieht, wenn ein Ort in Disharmonie geraten ist und eine Erdheilung benötigt wird.

Ich zog mit meiner Familie an einen neuen Ort. Nach einiger Zeit wurde immer deutlicher, dass an diesem Ort etwas massiv aus dem Gleichgewicht geraten war. Es ist ein Ort, an dem vor einigen Jahren vier neue mehrstöckige Häuser gebaut wurden. In eins dieser Häuser war ich mit meiner Familie eingezogen. Es grenzt an einen Pferdehof, der sehr liebevoll geführt wird, in nicht allzu weiter Entfernung ist ein großes Waldstück.

Sehr schnell fiel uns auf, dass an diesem Ort etwas nicht stimmte. Viele Menschen, die dort lebten, zerstritten sich. Jedes Mal, wenn wir uns länger vor dem Haus aufhielten, fühlten wir uns unausgeglichen und kurz vor dem Explodieren. Sehr schnell wurde auch deutlich, dass wir alle schlecht schliefen. Mein Sohn hatte starke Albträume und beschrieb immer wieder Wesen, die sich nachts in seinem Zimmer aufhalten würden.

Als wir dann „per Zufall" bei einem Ausflug auf

einem speziell für Kinder gemachten Wanderweg ein gezeichnetes Naturwesen sahen, erklärte uns unser Sohn, dass genau solche ihm jede Nacht Angst machen und vom Schlafen abhalten würden.

Zeitgleich verbrachte ich viele Stunden im nahegelegenen Waldstück, und schon bald kam ich in intensiven Kontakt mit Pan. Diese erste Kontaktaufnahme erschreckte mich, wie zu Beginn des Buches beschrieben, und ich konnte mich ihm nur zögerlich öffnen und mich auf unsere Begegnungen einlassen.

Bei einer meiner vielen Aufenthalte im Wald sprach ich ihn darauf an, weil ich sehr verzweifelt war. (Natürlich gedanklich, da ich unter anderem ein Schreibmedium bin, kann ich am besten so mit ihm kommunizieren. Ein Schreibmedium stellt sich mittels Schreiben in den Dienst der Geistigen Welt und erhält so Botschaften.)

„Kann du mir helfen, wenn es darum geht, die verstörten Naturwesen bei uns zu Hause zu besänftigen, die meinem Sohn Angst und Schrecken einjagen?"

Pan:

„Jein. Zu einem Teil ist es ganz klar deine Aufgabe, diese verstörten Wesen mit deiner Liebe und deinem Gebet wieder zu beruhigen und zu besänftigen. Den anderen Teil kann ich für dich an diesem Ort mit den

neugebauten Häusern übernehmen, denn dort ist massiv etwas aus dem Gleichgewicht geraten. Es wurde an eurem Wohnort innerhalb kürzester Zeit nicht nur das Zuhause von vielen Naturwesen zerstört, sondern viele Arbeiter ließen dort ihren ganzen Ärger, ihre Wut und Frustration. Die Naturwesen haben diese Emotionen auf sich genommen, sich davon anstecken lassen, und befinden sich immer noch in diesem Zustand.

Bitte mich bei jedem deiner Gebete um meine zusätzliche göttliche Hilfe. Rufe auch die Drachen und Erzengel Michael, um diesen Ort von niedrig schwingenden Energien und negativen Emotionen zu reinigen. Diese sind an diesem Ort wie eingeklemmt und schwappen häufig auf die Bewohner über, die Streitigkeiten und Lieblosigkeit untereinander verstärken diese Situation zusätzlich. Speziell die Mütter, die jeden Tag zu Hause sind, nehmen diese Emotionen automatisch auf. Bitte im Gebet auch um ihre Reinigung und die ihrer Kinder.“

„Warum ist es so wichtig, sich mit Hilfe der Natur immer wieder selbst zu heilen?“

Pan:

„Nur wer mit sich selbst in Einklang ist, kann auch Harmonie im Außen herstellen. Was im Inneren ist, bringt das Äußere zum Vorschein, immer. Wenn ihr

in eurem Inneren Harmonie erschafft, heilt ihr damit gleichzeitig die Natur und die Erde, da alles mit allem verbunden ist. Wenn man in Harmonie und Frieden mit sich selbst ist, übertragen sich diese Harmonie und dieser Frieden auch auf das Umfeld. Also lohnt es sich immer wieder, seiner eigenen Heilung Aufmerksamkeit und Zeit zu schenken. Dabei ist Heilung nicht nur dann wichtig, wenn man Schmerzen oder Traurigkeit verspürt. Heilung heißt, etwas wieder ins Gleichgewicht und in Harmonie zu bringen. Das braucht es immer dann, wenn irgendwo Liebe, Harmonie und Frieden abhandengekommen sind.

Da jeder Mensch auf Erden mit Herausforderungen und Schwierigkeiten konfrontiert wird, benötigt es immer wieder Heilung und ein Zurückkommen in die Harmonie. Das ist im Leben aller Menschen sehr wichtig, und dem sollte immer wieder viel Aufmerksamkeit geschenkt werden."

„Es gibt so viele verschiedene Arten, das zu tun. Welche Art und Weise rätst du uns Menschen, Pan?"

Pan:

„Ich mag die Einfachheit. Das Göttliche ist immer einfach, klar und direkt. Das Komplizierte ist von den Menschen gemacht. Gott ist einfach. Die Einfachheit ist göttlich und spirituell. Mit einem einfachen Leben

kommst du Gott wieder näher und auch dir selbst. Versuche alles, was kompliziert ist, aus deinem Leben zu streichen. Du verzettelst dich, wenn du zu viele Dinge in deinem Alltag gleichzeitig tust. Zu viel Programm und Aktivitäten in deinem Leben, und mit Aktivitäten meine ich hier nicht unbedingt körperliche Anstrengung, sondern Dinge, die deine Aufmerksamkeit beanspruchen, bringen dich aus deiner Mitte und rauben dir zu viel Kraft und Energie. Große Meister führten häufig ein ganz einfaches Leben.

Überlege dir, was dir wirklich wichtig ist in deinem Leben, und streiche die Dinge, die dir nur unnötig Kraft, Energie und Zeit rauben. Beschäftige dich mit weniger, aber umso fokussierter und konzentrierter. Gehe immer wieder mehrmals täglich in die Vogelperspektive, das heißt, ziehe dich aus deinem Alltag heraus und schau ihn dir von oben und aus der Distanz an. So kannst du besser erkennen und unterscheiden, was wirklich wichtig ist in deinem Leben. Wenn du unsicher bist, ob du etwas tun sollst, dann lass es im Zweifelsfall lieber bleiben und nimm dir umso mehr Zeit, in die Ruhe zu gehen und dort zu verweilen. Zeit zu haben ist der wahre Luxus.

Heilung kann immer geschehen, wenn wir zulassen, dass das göttliche Licht wieder zum Vorschein kommen kann und sich zeigen darf. Nur so kann es zu einer vollständigen Heilung kommen. Genauso ist es bei den Menschen. Heilung in ihnen kann nur geschehen, wenn alles, was den Lebensfluss behindert oder sogar blockiert, losgelassen wird oder zurück in die göttliche Ordnung kommen darf. Wenn eine „große Unordnung" in euch herrscht, kann es euch auf Dauer nicht gut gehen. Mit Unordnung ist hier mehr die emotionale Unruhe gemeint."

Herzensheilung im Zusammenhang mit der Erdheilung

„Lieber Pan, was genau kann ich mir unter einer Herzensheilung vorstellen?"

Pan:

„Euer Herz ist euer Zentrum und direkt verbunden mit der Quelle allen Seins, auch Gott genannt, aber auch mit dem Herzen von Mutter Erde. Sobald ihr eurem Herzen Heilung schenkt, kommt das auch Mutter Erde zugute. Das heißt aber auch, wenn ihr mit eurem Herzen gut verbunden seid, seid ihr in Verbindung mit Gott. Angenommen, euer Körper, euer Geist oder eure Seele braucht Heilung, dann müsst ihr eure Verbindung mit Gott und Mutter Erde wieder stärken. Beides ist gleich wichtig. Ihr braucht beide Verbindungen, um ein Leben in vollkommener Harmonie und im Gleichgewicht zu führen. Dabei hat der spirituelle Mensch die Tendenz, sein Augenmerk mehr auf die Geistige Welt zu richten und vergisst dabei oft, dass die Verbindung in das Herz von Mutter Natur genauso wichtig ist. Wenn dies außer Acht gelassen wird, fehlt ein wichtiger Teil.

Die Verbindung zur Natur zu stärken heißt auch, wieder mehr Zeit in der Natur zu verbringen und zuzulassen, dass sie wieder Teil deines Lebens sein darf und

ihr den angemessenen Platz in deinem Leben zuzuge-
stehen. Zulassen, dass Heilung in deinem Leben ge-
schehen darf, heißt, das Göttliche wieder mehr in dein
Leben zu lassen. Zulassen, dass es in jeden Bereich dei-
nes Lebens kommen darf. Erlaube dir, dass jeder Be-
reich deines Lebens im göttlichen Licht erstrahlen darf.
Aber nicht nur das, auch jede Zelle, jedes Organ, dein
ganzer Körper, deine Seele und alle deine Energiekör-
per dürfen im göttlichen Licht erstrahlen. Es kann eine
zusätzliche Unterstützung sein, dir dieses vorzustellen.

Das nachfolgende Ritual kann dir eine große Hilfe
sein, wenn dein Körper oder dein Geist Heilung benö-
tigt.

Schenke dir für das Ritual genügend Zeit. Mache dir
bewusst, dass du dir selbst Heilung schenken kannst.
Du musst sie nicht im Außen suchen oder dir von einer
anderen Person geben lassen. Du selbst bist es, die dir
das Geschenk der Heilung geben kann, indem du dich
noch mehr mit dem Göttlichen verbindest und zulässt,
dass alles davon berührt wird und dabei wieder zurück
in die göttliche Ordnung kommen darf.

Begib dich an einen Ort, an dem für dich das Gött-
liche deutlich spürbar ist oder es dir leichtfällt, dich da-
mit zu verbinden. Das kann ein Ort in der Natur sein,
auf einem Berg, im Wald oder aber auch bei dir zu
Hause. Wenn du dieses Ritual bei dir zu Hause durch-
führen möchtest, kannst du dir einen kleinen Altar auf-
bauen und Gegenstände dort platzieren, die für dich
das Göttliche symbolisieren oder dich wieder mehr in
Verbindung damit bringen. Wenn du magst und es sich
für dich stimmig anfühlt, kannst du vorab folgendes
Gebet sprechen:

„Lieber Vater-Mutter-Gott. Ich bitte dich um Hil-
fe und Unterstützung für meine persönliche Heilung.
Bitte hilft mir, dass bei und in mir alles wieder zurück
in die göttliche Ordnung kommen darf. Hilft mir, mich
vollkommen für deinen göttlichen Heilstrom zu öffnen.
Ich gebe mich dir vertrauensvoll hin, mit jeder Faser
meines Körpers, in der Gewissheit, dass du genau
weißt, wie diese Heilung für mich aussehen mag. Seg-
ne mein Heilwerden. Ich danke dir von Herzen. So sei
es. Es ist vollbracht. Amen."

Nun stelle dir den göttlich goldenen Heilstrom vor,
wie er mit jedem deiner Atemzüge immer mehr zu dir
strömt. Dieser Heilstrom strahlt und leuchtet in einem
wunderbar heilenden, goldenen Licht. Das reinste und
klarste Licht, das du dir vorstellen kannst. Vielleicht
sucht es sich den direkten Weg in dein Herz, oder aber
es kommt über deine Aura immer mehr in dein Zent-

rum und füllt so mehr und mehr deine Mitte auf. Stell dir bildlich vor, wie das goldene Licht dein Herz und dich mit jeder Faser deines Körpers vollständig auf- und erfüllt. Jeder Aspekt von dir wird von diesem Licht erhellt. So darf alles wieder zurück in die göttliche Ordnung kommen. Das geschieht leicht und mühelos. Du beginnst, mit jedem Atemzug immer mehr zu leuchten und zu strahlen. Dabei darf alles, was dir nicht mehr dienlich ist oder nicht mehr zu dir gehört, von dir abfallen. Aber auch jede Zelle, jede Faser deines Körpers kommt wieder zurück in die göttliche Ordnung. Alles, was aus deiner göttlichen Mitte gekommen ist, wird wieder dorthin zurückgebracht. Mit jedem Atemzug atmest du mehr davon ein. Ein göttlicher Fluss, der so wieder ins Fließen kommen darf.

Zur Unterstützung kannst du folgende Affirmation sprechen:

„Ich gebe mich der göttlichen Ordnung vertrauensvoll hin und lasse zu, dass sie mich vollkommen erfüllt. Ich vertraue mich dem göttlich goldenen Strom an. Ich vertraue."

Du befindest dich nun in dem Energiefeld der göttlichen Heilung. Du brauchst dabei nichts zu tun oder zu verändern, nur vertrauensvoll zuzulassen, dass dieser Heilstrom durch dich hindurchströmen kann und alles wieder in die göttliche Ordnung bringt. Wenn du magst, kannst du darum bitten, dass dieser Heilstrom über Nacht aufrechterhalten bleibt und dich vertrau-

ensvoll schlafen legen. Oder aber du bleibst so lange in dem Heilstrom, wie es sich für dich richtig und heilsam anfühlt, und wiederholst dieses Ritual immer wieder. Vergiss nicht, dich am Schluss beim Göttlichen, bei dir selbst und bei deinem Höheren Selbst für die Heilung zu bedanken, die du dir geschenkt hast. Sei dir gewiss, du verdienst diese Art von Heilung jederzeit wieder und kannst sie so oft wiederholen, wie du möchtest. Der Altar kann dir helfen, diesen Heilstrom zu aktivieren, da er dich immer wieder, wenn du ihn siehst, daran erinnert, dass du deiner eigenen Heil- und Ganzwerdung wieder ein großes Stück nähergekommen bist. Du kannst diesen Heilstrom auch im Alltag wieder aktivieren, indem du ihn dir nochmals kurz vorstellst und zulässt, dass er erneut durch dich strömt.

Euer Herz ist viel mehr, als es scheint. Es ist eine reinste Quelle der Liebe und des Lichts, eure Kraftquelle. Wenn ihr darin eintaucht, könnt ihr Kraft schöpfen, euch erneuern und auftanken."

„Warum haben so viele Menschen die Verbindung zu ihrem Herzen und zur Quelle verloren?"

Pan:

„Ich denke, die bessere Frage wäre: Warum finden so viele Menschen nicht wieder zurück in ihr Herz? Und warum leben so viele Menschen ihr Leben, ohne in Verbindung oder in Kontakt mit ihrem Herzen zu sein?

Sie haben es schlichtweg verlernt und vergessen. Sie haben vergessen, was es heißt, ein Leben in inniger Verbindung mit ihrer Essenz und ihren Herzensqualitäten zu leben. Dabei gibt es nichts Schöneres und Erfüllenderes für den Menschen. Erst in dieser Verbindung kann der Mensch eine tiefe Zufriedenheit entwickeln. Eine Zufriedenheit mit allem, was und wie es ist. Ein Gefühl für die göttlich perfekte Ordnung. Doch wenn der Kompass, die Führung, im Leben verloren gegangen ist, ist es schwierig, dauerhaft ein tiefes Gefühl der Zufriedenheit zu entwickeln.“

„Was kann den Menschen helfen, wieder dorthin zurückzufinden?“

Pan:

„Die Stille. Dabei ist aber nicht nur die äußere Stille gemeint. In die Stille seines Herzens einzutauchen und sich darin aufzulösen, um sich im Göttlichen wiederzufinden, ist der Schlüssel. Dabei löst du dich nicht auf, wie es im menschlichen Sinne gemeint ist, sondern du löst dich von deinen Vorstellungen und einengenden

Mustern. Du löst dich immer mehr ab vom menschlichen Ego, lässt los, wie etwas sein sollte oder wie du es haben möchtest. Du nimmst dankbar an, wie es im Moment ist, und lässt dich tief in das jetzige Sein fallen, in vollkommener Akzeptanz und Liebe. So löst sich das menschliche Ego immer mehr auf, tritt in den Hintergrund, und es erscheint die göttliche Präsenz, das wahre Göttliche, das nichts verändern oder haben, sondern bloß im Hier und Jetzt sein möchte, mit seiner ganzen Aufmerksamkeit und Wahrnehmung.

In diesem göttlichen Zustand stellt sich automatisch eine tiefe Zufriedenheit ein. Gepaart mit dieser Zufriedenheit ist die Dankbarkeit, Dankbarkeit als ein Ausdruck der göttlichen Natur. Die göttliche Natur ist in jedem Augenblick zutiefst dankbar für alle wunderbaren Erfahrungen, die sie machen darf. Dankbarkeit ist ein Teil deines Wesens. Wenn du keine Dankbarkeit verspürst, bist du mit einem wichtigen Teil von dir nicht verbunden. Mache Dankbarkeit zu einem Wesenszug von dir.

Diese Dankbarkeit hat wiederum eine heilende Wirkung auf dein Herz. Wenn du jede Erfahrung durch die Brille der Dankbarkeit und Wertschätzung anschauen kannst, dann verändert sie sich und bringt die göttliche Essenz darin zum Vorschein. Die göttliche Essenz dieser Erfahrung ist auch der Grund, warum ihr auf dieser Erde seid. Das alles bringt Ruhe und wohltuende Stille in dein Herz."

Antworten in der Natur finden

„Bäume haben auf sehr viele Menschen eine besondere Anziehungskraft. Warum?"

Pan:

„Oft sind es alte Bäume, die die Menschen in ihren Bann ziehen. Je älter ein Baum ist, desto stärker und kräftiger ist auch seine Energie. Mit zunehmendem Alter nimmt die Energie des Baumes zu. Aber nicht nur das. Je älter und größer ein Baum wird, desto kraftvoller ist auch sein Wesen. Dieses hilft ihm, seine Energie auf einem möglichst hohen Level zu halten. Jeder Baum besitzt ein Energiefeld mit einem Energiezentrum, das sich auch in der Mitte des Baumes befindet. In diesem Zentrum sind alle Informationen über das Leben gespeichert. Wenn der Mensch sich nun mit einem Baum verbindet, verbindet er sich auch mit diesem Zentrum und erhält so Antworten auf alle seine Fragen. Je älter der Baum ist, desto leichter ist es für den Menschen, sich mit diesem Zentrum zu verbinden, da es besser wahrnehmbar ist. Sobald du dich mit einem Baum verbindest, hast du Zugang zu den ewigen Weisheiten des Lebens und kannst ihn alles fragen.

Du kannst das mit allen Lebewesen in der Natur machen. Nehmen wir einmal das Beispiel eines Baches. Auch in ihm sind die gesamten Informationen des Le-

bens gespeichert. Da der Bach oder Fluss ein Element ist, das in Bewegung und im Fluss ist, kannst du von ihm wichtige Informationen über Lebensthemen wie Bewegung, Veränderung, Blockaden, die den Fluss behindern, aber auch Leichtigkeit und Kontinuität bekommen Vielleicht denkst du jetzt: Ja, das ist ja noch alles sehr gut nachvollziehbar. Aber was möchte mir zum Beispiel ein Stein übermitteln oder bewusstmachen?"

Nun, ein Stein kann dich lehren, was es heißt: „In der Ruhe liegt die Kraft." Es braucht nicht immer Veränderung und Bewegung, um in seine Kraft zu kommen. Oft braucht es Ruhe und das Verweilen an einem Ort über einen längeren Zeitraum, um wieder Zugang zu seiner ganzen Kraft und seinem Wissen zu bekommen. Der Zugang zu dem gesamten Wissen allen Lebens ist in jedem Lebewesen gespeichert, aber auch in deinem Zentrum.

Nun höre ich dich bereits fragen: Warum braucht es überhaupt die Natur? Ich könnte mich doch einfach mit mir selbst verbinden, um alle Antworten zu bekommen."

„Ja, genau das wollte ich fragen."

Pan:

„Wusste ich es doch. Was denkst du, womit all die weisen Menschen und die sogenannt Erleuchteten jeden Augenblick verbunden sind? Genau, mit diesem göttlichen Teil in sich, in dem alle Antworten gespeichert sind und wo der Sitz der reinen, bedingungslosen Liebe ist. Von dort aus leben sie ihr Leben. Genau diese Fähigkeit, das Leben von dort aus zu leben und zu genießen, sollte das Ziel der Menschen sein. Aber bis sie dort angelangt sind, braucht es noch etwas Zeit, Transformation und Geduld. Aber viele werden an diesem Punkt ankommen.

Bei den meisten Menschen ist es im Moment so, dass, wenn sie sich mit dem eigenen Kern, der eigenen Essenz, verbinden, sie manchmal Antworten bekommen, aber gerade dann, wenn es ihnen nicht gut geht oder sie dringend Antworten bekommen möchten, ist dieser Zugang meistens verschlossen. Er ist wie ein Tor, das sich manchmal öffnet, aber es gibt leider immer noch viele Situationen, in denen die Menschen das Gefühl haben, dass es sich wieder geschlossen hat. Genau dann kann es sehr hilfreich sein, sich mit mir oder den Lebewesen in der Natur zu verbinden und so Antworten auf alle seine Fragen zu bekommen. In der Natur gelingt das einfacher, auch in schwierigen Lebenssituationen.

Wenn du dich das nächste Mal in der Natur aufhältst und eine Antwort oder Unterstützung in deinem Leben benötigst, dann frage dich zuerst, wo der ideale Platz ist, um Unterstützung auf deine gegenwärtige Frage zu bekommen. Zieht es dich eher an einen Bach,

oder fühlst du dich mehr von einer Blumenwiese an-
gezogen? Oder ist es ein bestimmter Baum oder eine
Pflanze? Lass dich von deiner Intuition leiten und führen und lass dein Herz entscheiden. Wenn du bereits
etwas geübt darin bist, wird es dich automatisch an
die richtige Stelle führen. Es ist dann so, als ob dich
eine göttliche Intelligenz dorthin gebracht hat, obwohl
du es vom Kopf her nicht so hättest planen können."

„Lieber Pan, kannst du den Menschen, denen diese Verbindung noch nicht automatisch gelingt, erklären, wie das genau funktioniert oder was sie tun müssen, um diese Antworten zu bekommen?"

Pan:

„Wenn du an einem für dich geeigneten Ort
angekommen bist, geht es in erster Linie darum,
innerlich und äußerlich aufmerksam zu sein. Mit der
äußerlichen Aufmerksamkeit meine ich, beobachte
den Ort ganz genau. Was nimmst du dort wahr? Dabei
ist es wichtig, sich die Zeit zu nehmen, ausführlich über
alle Sinnesorgane wahrzunehmen. Also, was kannst
du hören, riechen, vielleicht auch mit den Händen
wahrnehmen? Hinzu kommt die innere Einstellung,
nichts erzwingen oder forcieren zu wollen, sondern
es ist mehr ein Geschehen-Lassen, ein Zulassen und
Sich-Öffnen. Du kannst dir das so vorstellen, dass es
nicht bewusst über deinen Geist geschehen muss. Die-

se Lebewesen besitzen die Fähigkeit, in dir Eigenschaften zu säen, das heißt, vielleicht werden dir bei dieser Begegnung die Antworten auf deine Fragen bereits bewusst, vielleicht ist aber auch erst ein Samen in dir gesät worden, und die Antworten auf deine Fragen werden sich erst mit der Zeit zeigen. Manchmal ist es auch so, dass zum Beispiel ein Baum dir eine Eigenschaft schenken möchte. Dabei fügt er diese in deine Aura. Es braucht nun aber noch etwas Zeit, bis diese Eigenschaft zum Vorschein kommt. Es ist wie ein Samen, der erst noch gedeihen und wachsen muss.

Du siehst, es gibt verschiedene Möglichkeiten, Hilfe zu bekommen. Einerseits, indem du direkt Antworten von der Natur bekommst, derer du dir sofort bewusst bist. Andererseits kann es sein, dass sich dir Hilfe, Unterstützung oder Eigenschaften erst zu einem späteren Zeitpunkt zeigen. Es nicht wichtig, ob du davon sofort etwas wahrnehmen kannst. Viele Menschen geben sehr schnell frustriert auf, wenn sie nicht sofort die Hilfe bekommen, die sie erwartet haben. Dabei sind die Antworten und die Hilfe bereits in ihrem Energiefeld, und es braucht bloß noch etwas Zeit, bis sie sich zeigen können. Aber die größte Blockade, die auftauchen kann, wenn man sich mit der Natur verbindet ist, dass die Hilfe oft anders ausfällt oder sich zeigt, als ihr es erwartet habt.

Also, auch hier heißt es, sich zu öffnen für die individuelle Schwingung der Natur und vertrauensvoll *zuzulassen, dass diese Schwingung und diese Antworten, die ihr dann bekommt, genau die sind, die ihr zu diesem Zeitpunkt benötigt und sie dann auch richtig entschlüsseln könnt."*

„Lieber Pan, warum ist körperliche Betätigung so wichtig für uns Menschen?"

Pan:

„Wenn ihr euch körperlich betätigt, erhöht ihr eure Schwingung. Bewegt sich der Körper zu wenig, passt er sich immer mehr der niedrigen Schwingung an, die in seiner Umgebung und im Morphogenetischen Feld vorherrscht (man kann sich dieses als allumfassendes Bewusstseinsfeld vorstellen, in dem alles gespeichert ist). Er wird schwerfälliger und unbeweglicher. In einem solchen Körper wird es dann immer schwieriger, sich für lichtvolle Schwingungen zu öffnen und diese in sein Leben zu lassen.

Schaut euch die Kinder oder die Tiere an. Sie haben einen natürlichen Bewegungsdrang. Tiere bewegen sich täglich, je nach Tierart und Jahreszeit unterschiedlich, aber sie bewegen sich regelmäßig. So ist es auch bei den Menschen. Es gibt verschiedene Konstitutionstypen, manche brauchen eher moderate Bewegung, und diese über eine längere Zeit, andere eher kürzere, aber dafür tut es ihnen gut, sich mehr zu verausgaben.

Jede Bewegung erhöht eure Schwingung, und es fällt euch leichter, liebevolle und positive Gedanken zu haben. Dabei ist es wichtig herauszufinden, welcher Bewegungstyp ihr seid und was euch und eurem Körper guttut und hilft, eure Schwingung anzuheben. Nur in einen gesunden Körper kann ein ausgeglichener Geist Einzug halten. Das hat nichts damit zu tun, seinen Körper zu quälen und ihn unnatürlichen Strapazen auszusetzen, damit er einem gängigen Modeideal entspricht. Es geht darum, mehr Energie und Lebensfreude zu haben und diese über einen längeren Zeitraum halten zu können."

Die Einheit allen Lebens

„Lieber Pan, was möchtest du mich noch lehren, was ist noch wichtig?"

Pan:

„Wichtig ist es zu wissen, dass wir alle eine Einheit darstellen, von dieser Einheit kommen und wieder zu dieser Einheit zurückkehren werden. Wenn du in allem, was dir begegnet, in jedem Lebewesen, ein Stück von dieser Einheit siehst, wirst du immer wieder an dein Zuhause erinnert. Es ist aber nicht immer so einfach, diesen Teil in allem, was lebt, zu sehen. Manchmal ist er verborgen und wird von vielen Dingen überdeckt. Wenn du dir aber die Mühe machst, dahinter zu blicken, wirst du ihn in allem erkennen und sehen können. Diese Einheit stellt unseren Kern, unsere Essenz, dar. Es macht dich zu dem, was du bist. Es ist das Zentrum von allem. Und in diesem Zentrum gibt es keine Trennung, denn alles ist eine Einheit, alles ist miteinander verbunden.

Wenn du dich von nun an auch bei deinen Mitmenschen immer auf dieses Zentrum konzentrierst, stärkst du es und machst damit deinen Mitmenschen ein großes Geschenk. Es ist dann so, als ob dieses Zentrum eine Extraportion Licht erhält und verstärkt wird. Was kannst du einem anderen Menschen Schöneres schen-

ken, als wenn du ihm hilfst, seine wahre Essenz wieder mehr zum Vorschein zu bringen. So hilfst du diesem Menschen, wieder besser wahrnehmen und unterscheiden zu können. Du hilfst ihm, besser zu erkennen, was wichtig und richtig ist und von dem zu unterscheiden, was nicht lichtvoll ist. Wenn du sein Licht neu entfachst und verstärkst, fällt alles von ihm ab, oder es wird ihm zumindest bewusst, was nicht lichtvoll ist. Es ist dann so, als würdest du in einem dunklen Raum das Licht anmachen und vieles plötzlich klar erkennen. Im Dunklen konntest du nur erahnen oder, besser gesagt, vermuten, wo alles liegt, vielleicht auch mit Hilfe deiner Erinnerung. Wenn das Licht aber angeht, bekommst du die Möglichkeit, es auch wirklich zu sehen. Es hilft dir, dich im Leben besser zurechtzufinden. Es ist ein großes Geschenk, das du deinen Mitmenschen machen kannst.“

„Was genau muss ich mir unter dieser Einheit vorstellen?“

Pan:

„Vorstellen kannst du es dir nicht. Du kannst es nur wahrnehmen und fühlen. Mit dem Kopf geht das nicht. Diese Einheit ist das Zentrum des ganzen Lebens. Der Kern jeden Lebens, die Essenz von Allem-was-ist. Es ist unsere Einheit, die reinste Liebe und das reinste Licht. Das Reinste und Klarste, was du dir vorstellen kannst.

Wenn du dich dort aufhältst, ist es ein Glückszustand, wie du ihn dir jetzt kaum auszumalen vermagst. Verstorbene, die wieder zurück ins Leben kommen, berichten sehr häufig von diesem Zustand. Und auch davon, dass es auf sie eine so große Anziehungskraft ausgeübt hat, dass sie freiwillig nicht zurückkommen wollten. Oft hat sie die Liebe zu den Familienmitgliedern wieder zurückgebracht, oder sie wurden sich bewusst, dass sie ihre Aufgabe auf der Erde noch nicht zu Ende gebracht haben. Diese Einheit ist immer in unserem Herzen. Unsere Aufgabe ist es, unser Leben aus diesem Einheitsgefühl heraus zu leben und zu erschaffen."

„Was aber tue ich, wenn ich diese Einheit nicht fühlen kann oder nur sehr selten? Ich mich oft abgeschnitten fühle, insbesondere in meinem Alltag?"

Pan:

„Zuerst einmal ist es mir wichtig zu erwähnen, dass wir immer mit dieser Einheit in uns verbunden sind, egal, ob wir es fühlen oder nicht. Die Verbindung ist immer da, sie kann nicht getrennt sein. Sich das vor Augen zu führen, ist grundlegend. Des Weiteren kann gesagt werden, dass du diese Verbindung auch selbst verstärken, also aktiv etwas dazu beitragen kannst, um sie zu verstärken und zu intensiveren. Gehe dorthin, wo du sie gut spüren kannst, sei es im Wald, an einem anderen schönen Platz in der Natur, oder umgib

dich mit Tieren oder Kindern. Dann kannst du die Essenz meistens deutlicher spüren. Was du auch immer machen kannst ist, mich zu rufen und zu bitten, dir dabei zu helfen. Diese Einheit ist immer da, du bist immer in dieser Einheit aufgehoben und geborgen, egal, was du machst oder was sich in deiner Welt momentan ereignet. Es ist dein und das Zentrum von Allem-was-ist.

In dir ist etwas Machtvolles und Kraftvolles zu Hause, in jedem von uns. Wenn du wieder in Verbindung damit kommst, kommst du wieder in deine Kraft. Sei kraftvoll, stark und mutig, dann wirst von der Einheit wahrgenommen und gesehen, als ein Teil davon. Verweile nicht in Ängsten und Zweifeln, diese bringen dich nur immer weiter weg von deinem Zentrum. Konzentriere dich auf die dir innwohnende Kraft und Stärke, so kannst du sie weiter ausdehnen und in deinem Leben zum Ausdruck bringen.

In deinem Inneren sind die ganze Welt, alle Werkzeuge, Begabungen und Talente. Nutze sie und bringe sie zum Vorschein. Das darf leicht und mühelos geschehen, wenn du dich dem vertrauensvoll hingibst. Vertrauen ist etwas Grundlegendes. Ich meine damit nicht das Vertrauen in deine eigenen Fähigkeiten, sondern das Vertrauen in die eine größere Kraft und Essenz, die uns alle trägt, umgibt und stützt."

Nachwort

„Lieber Pan, mein Herz ist voller Dankbarkeit und Wertschätzung für all das Wissen, an dem du mich hast teilhaben lassen. Wir sind nun am Ende angelangt. Was möchtest du mir noch mitteilen?"

Pan:

„Ich, der Gott der Wälder und Wiesen, möchte dich wissen lassen, dass für alle Menschen eine wichtige und entscheidende Zeit anbricht oder, besser gesagt, bereits angebrochen ist. Es ist die Zeit der bewussten Entscheidung für alle Menschen, welchen Weg sie für die Zukunft gehen möchten. Möchten sie den lichtvollen Weg gehen, der die Möglichkeit zum Aufstieg bietet, und in die Energie der Neuen Zeit eintauchen? Dann wird die Erdheilung irgendwann dazugehören und regelmäßig durchgeführt, das wird nichts Spezielles oder Außergewöhnliches mehr sein. Oder du entscheidest dich, in der alten Energie verhaftet zu bleiben, dich nicht mit emporzuheben mit der nächsten Welle, die da kommen mag. Dabei spielt es keine Rolle, ob du mal eine Welle nicht nehmen kannst oder sogar verpasst. Es kommt schon bald eine neue Möglichkeit, aufzuspringen und dich emporzuheben. Entscheidend ist, dass du die Wichtigkeit darin siehst, dich immer mehr ins Licht zu schwingen, hinaufzuschwingen, und

mit den erhöhten Energien, die immer mehr auf diesen Planten einstrahlen, mitzuströmen beginnst. Die Erdheilung ist eine einfache und doch wertvolle Art, in die Energie der Neuen Zeit einzutauchen.

Deine Reise mit mir ist zu diesem Zeitpunkt aber noch lange nicht zu Ende. Du hast jetzt die Werkzeuge erhalten, die du benötigst, um dich mit mir zu verbinden und der Erde Heilung zu schenken. Setze diese Werkzeuge weise und respektvoll ein. Mache dir immer wieder bewusst, wie machtvoll sie sind. Behalte den dafür angebrachten Respekt vor mir und der Erdheilung, dann kannst du dir meiner vollen Aufmerksamkeit gewiss sein. Als Dank für die Zeit, die du mir bereits geschenkt hast, möchte dich Göttin Gaia, Mutter Erde, Folgendes wissen lassen:"

Göttin Gaia:

„Ich bin ein lebendiges Wesen. Meine Kraft ist gewaltig. Du, mein geliebtes irdisches Kind, hast dich dazu bereiterklärt, auf diesem Planeten zu leben und mir bei seiner Heilung zu helfen. Du besitzt alle Kraft und Macht, das zu tun. Es ist eine wunderbare Aufgabe, die ein großer Segen für diesen Planeten ist. Ich schenke dir meine ganze Wertschätzung und meine Dankbarkeit dafür, geliebtes Wesen. Alle deine Bemühungen für diese Erde, und seien sie in deinen Augen noch so klein und unbedeutend, wenn du mir zum Beispiel gute Gedanken schickst, haben Wirkung. Aus

deiner Perspektive kannst du diese Wirkung vielleicht (noch) nicht erkennen, aber sie ist groß, unabhängig davon, worum es sich handelt. Dein Herz besitzt eine enorme Kraft, und wenn du etwas aus reinem Herzen tust, ist das ein großer Segen für den Planeten.

Es bringt aber auch für dich eine schöne Eigenschaft zum Vorschein. Dadurch, dass du mir Heilung schenkst, verbindest du dich noch intensiver mit allem, was lebt. Jede Heilung bringt dich noch bewusster in Verbindung mit mir. Du wirst dadurch immer bewusster und kannst immer deutlicher spüren, dass du nicht nur mir einen Dienst erweist, sondern auch dir selbst hilfst. Es ist wie ein Geschenk, das du machst, dessen Wirkung um ein Vielfaches verstärkt wieder zu dir zurückkehrt. Es werden Geschenke sein, die dein Herz erfreuen und erfüllen. Geschenke, die dich wie eine Blume zum Erblühen bringen. Geschenke, die dein wahres göttliches Wesen immer mehr zum Vorschein bringen. Geschenke, die auch dir großen Segen bringen. Dabei schränke dich nicht selbst ein, indem du dir nur das erlaubst zu erfahren, was den gängigen Vorstellungen entspricht. Lass alle Vorstellungen und Erwartungen los und öffne dein Herz weit. Was sich dir dann zeigen wird, übertrifft alle deine Vorstellungen und Erwartungen. Es wird dich in die himmlischen Reiche bringen und führen. Es wird dir den Himmel auf Erden bringen. Denn ich, Göttin Gaia, deine irdische Mutter hier auf dieser Erde, möchte mit dir zusammen eine neue

Epoche der Erde, ein neues Zeitalter, erschaffen. Dazu braucht es die persönliche Hilfe und Unterstützung eines jeden Einzelnen.

Lass uns zusammen das Paradies hier auf Erden erschaffen. Schenke mir mit Hilfe der Erdheilung Zeit und Heilung. Pan möchte dich dabei unterstützen, noch mehr, er möchte dir helfen, deine eigene Entwicklung voranzubringen. Öffne dich ihm vertrauensvoll, wenn du spürst, dass die Zeit dafür ist. Er wird dir ein liebevoller Begleiter sein, auch wenn seine Methoden für dich zu Beginn vielleicht etwas ungewohnt erscheinen mögen."

Am Ende dieses Buches möchte ich dir, lieber Leser, liebe Leserin, danken, dass du dich auf diese Reise eingelassen hast. Sich auf Pan einzulassen bedeutet auch immer wieder, Mut zu haben, um sich auf die eigene persönliche Reise zu machen. Und wie das bei einer Reise oft der Fall ist, begegnen dir im Laufe dieser Reise die verschiedensten Gefühle.

Zu Beginn bist du vielleicht euphorisch und voller Tatendrang. Im Laufe der Zeit können aber auch Zweifel und Ängste aufkommen. Zweifel und Ängste können sein, dass du immer wieder an deiner eigenen Wahrnehmung zweifelst. „Ist das richtig, was ich wahrgenommen habe? Kann ich dem vertrauen? Mache ich die Erdheilung richtig? Oder mache ich etwas falsch?"

Zudem kann es sein, wie ich zu Beginn bereits beschrieben habe, dass die Verbindung mit Pan dein Leben stark ins Wanken bringt. Wenn es dir zu viel wird, ist es wichtig, das der Geistigen Welt mitzuteilen. Einerseits ist es immer ein Zeichen dafür, dass die Geistige Welt dir zutraut, dass du „diesen Sturm" meistern und daran wachsen kannst (die Geistige Welt traut uns oft mehr zu, als wir uns selbst und sieht die Stärke, die in uns steckt). Aber ich habe die Erfahrung gemacht, dass man auch zu verstehen geben darf, wenn es zu viel wird. Letztendlich bist du die Person, die die Erfahrung durchmacht und auch mitbestimmen darf, in welchem Tempo das geschehen soll. Also, wenn es dir zu schnell oder zu heftig wird, dann scheue dich nicht, das auch klar zu kommunizieren. Rückblickend spielt es keine große Rolle, ob du etwas mehr Zeit benötigt hast, um ein gewisses Thema zu erfahren und zu meistern.

Überfordere dich auch nicht mit deinen Erwartungen, die du an dich selbst stellst. Es ist nicht möglich, dass du als Einzelperson die ganze Erde heilen kannst. Suche dir immer wieder Heilungen für Mutter Erde aus, die du gut ausführen und ihr schenken kannst. Bringe dir selbst dafür immer wieder Wertschätzung entgegen, gerade dann, wenn du die Wertschätzung von Göttin Gaia noch nicht so gut spüren oder wahrnehmen kannst. Vielleicht aber bemerkst du stattdessen in deinem Leben eine andere positive Veränderung.

Ich danke dir von Herzen, lieber Leser, liebe Leserin, für deine Zeit und Aufmerksamkeit, die du diesen Zeilen, der Erdheilung, Pan und Mutter Erde geschenkt hast. Mögen Pan und die Erdheilung dein Leben bereichern, erfüllen und dich in deiner geistigen Entwicklung voranbringen.

Falls du Unterstützung oder Fragen zu diesem Thema hast, darfst du dich gerne mit mir in Verbindung setzen.

Von Herzen,
Alexandra Meier

Danksagung

Ich möchte gerne meine Dankbarkeit gegenüber den Wesen ausdrücken, die an diesem Buch beteiligt waren und so mitgeholfen haben, dass es geboren werden konnte:

In erster Linie möchte ich dem Smaragd Verlag herzlich danken, insbesondere meiner Lektorin Gaby Heuchemer für ihre wertvolle Arbeit.

Natürlich auch meinen beiden Liebsten Christof und David, ihr seid meine Oase, mein Zuhause. Ohne euch wäre so vieles in meinem Leben nicht möglich. Mein tiefster Dank.

Der Geistigen Welt für ihre Führung, Begleitung und die wunderbare göttliche Perfektion, die mich zuverlässig und sicher an diesen Ort geführt hat, sodass dieses Buch entstehen konnte. Aber auch ein herzliches Dankeschön an meine treuen geistigen Begleiter.

Mein großer Dank für dieses Buch gilt Pan. Danke, dass du dein Wissen mit mir teilst. Du hast viel Geduld mit mir gehabt, und dein wunderbarer Humor hat so manche schwierige Situation leichter und einfacher gemacht. Mein tiefster Dank gilt auch der Quelle allen Seins, die es mir ermöglicht, mich auf dieser Welt und in diesem Leben zu erfahren und weiterzuentwickeln. Danke, danke, danke.

Über die Autorin

 Alexandra Meier nutzt ihre Gaben und Fähigkeiten, um den Menschen zu helfen, wieder zurück auf ihren Lebensweg zu kommen. Sie ist Medium, Autorin und Seminarleiterin. Zudem arbeitet sie mit chronisch psychisch kranken Menschen. Ihr Wissen vermittelt sie in Büchern, Seminaren oder Einzelberatungen.

In Einzelsitzungen und Beratungen unterstützt sie die Menschen darin, wieder auf ihren Lebensweg zu kommen oder zu erkennen, was sie davon abgebracht hat, und so hinter die scheinbaren Probleme und Herausforderungen des Lebens zu blicken, um eine übergeordnete Sicht zu bekommen.

Ihre Kraft schöpft sie aus der Natur, mit der sie sich innig verbunden fühlt. Sie ist Mutter eines Sohnes und lebt mit ihrer Familie in der Schweiz.

Weitere Informationen unter

www.alexandrameier.com

Buchempfehlung

Sabine Skala
Die Kraft der Seele freischalten
Für ein glückliches und erfolgreiches Leben
152 Seiten, A5, broschiert
ISBN 978-3-95531-180-3

Unsere Seele ist die kraftvollste und mächtigste Energie, die wir in uns tragen. Sie ist die direkte Verbindung zu Gott, kennt unsere Lebensaufgabe, für die wir auf Erden gekommen sind, und steuert uns in genau die Situationen, die für unsere Entwicklung wichtig sind.

Die Autorin beschreibt, welche Fähigkeiten unsere Seele hat, was geschieht, wenn ihre Kraft freigeschaltet ist, wie wir Verbindung zu ihr aufnehmen und sie spüren können und warum es so wichtig ist, dass wir den Kontakt zu ihr pflegen und mit ihr in Einheit zusammenleben.

Ist die Seelenenergie jedoch blockiert, kann sie nicht mehr in unser Leben fließen. Mit der Freischaltung der Seele werden alle Blockaden und Ablagerungen aufgelöst, sodass unser göttliches Potenzial geöffnet wird und all das zum Vorschein kommt, was für uns bestimmt war.